働かないおじさんは資本主義を生き延びる術《すべ》を知っている

侍留啓介

光文社新書

はじめに

二〇二一年二月一六日、「ユニクロ」で知られるファーストリテイリングの時価総額が一〇兆八七二五億円を記録し、アパレル企業として時価総額の世界最高値をつけた。私はそのニュースを偶然テレビで目にした。

当時はコロナ禍による緊急事態宣言が発出され、街中から人が消えた状況であった。パンデミックのさなかに、企業の時価総額が最高値を記録する。その事実を、我々はいったいどう受け止めればいいのだろうか——。

株価形成は資本主義というシステムの一部であるということだ。システムは、どのような非常時であれ、平常通りに振る舞う。二四時間、三六五日、システムは緊急時でも回り続ける。

コロナ禍という未曽有《みぞう》の危機的事態において、経済指標としての株価は平時以上に重視され、株価を高めていくことに各国政府は躍起《やっき》となった。これが戦争であるなら、いつかは終わるであろう。しかし、プログラミングによって自動的に売買される株価は、たとえ世界が崩壊したとしても永遠に動き続ける。コロナ禍の連日の株価最高値更新は、そんな可能性すら予感させるものであった。

もちろん株価は、過去や現在ではなく、将来のキャッシュフローを織り込んで決まるものである。したがって、必ずしも現在の市場環境だけを反映したものではない。その上、経済危機だからといっても、個別に見れば利益を拡大する業種もある。しかし、コロナ禍における株価高騰には、多くの人が違和感を覚えたはずである。そして、この疑念は、株価を絶対視する今日の資本主義それ自体にも向けられている。

資本主義とは、いったい何なのだろうか。

かつて資本主義は、煌々《こうこう》と輝く光であった。王侯・貴族・平民といった中世以前の固定された「身分」の壁を壊し、「階級」という越境可能なスキームに置き換えてくれる資本主義社会は、多くの人々に魅力的に映ったはずだ。

実際、資本主義はうまく機能もしてきた。現代においてすら、運と才能に恵まれた人にとっては、資本主義の輝きはなお失われていないであろう。成功の可能性（あくまで可能性なのだが）を示す資本主義は、そうでない人にとっても希望の星なのかもしれない。

しかしこの資本主義に、拭《ぬぐ》いがたい違和感を覚える人々がいることもたしかである。「親ガチャ」に象徴されるように、人生の早い段階で半ば運命づけられ、不遇な者は不遇なまま捨て置かれる。そして、格差は広がり続ける。かつての身分制と異なり、資本主義はなまじ個々人に希望をもたらすがために、かえって「無能」や「怠惰」のレッテルとともに格差を正当化してしまう。ここに、資本主義の残酷さがある。

現代の資本主義は、どのように発展してきたのか？　資本主義をめぐる両義性——「アメとムチ」を兼ね備える二律背反性は、なぜ生じたのか？　そして資本主義はどこへ向かっていくのか？　これらの問いこそが、本書の出発点である。

格差や搾取の問題を見ればわかるように、資本主義が機能不全を起こしていることは自明である。一般市民から知識人まで多くの現代人が、恩恵よりも問題に目を向けている——その意味では、資本主義はもはや瀕死の状態にあると言えるのかもしれない。それでも現代人が資本主義にすがりつくことをやめられないのは、これといった代替案が見つからないからである。代案が見つかったとて、易々と人為的に変革できないことは、たとえば共産主義の失敗を見ても明らかだろう。

私たちにできうることは、資本主義の現状と行く末を冷静に考察し、個々人として生き延びる術《すべ》を考えることではないだろうか。本書では、その処方箋を提示したい。

私は、学部・大学院合わせて一〇年以上、金融理論の研究を行なっており、京都大学で博士号（経営科学）を取得した。また、日本のみならず、シカゴ大学、ハーバード大学で学んできた。学術内容を踏まえているという意味では、「こうして私は成功した」といったビジネス体験談よりも普遍的な視座で、資本主義問題を論じることができるものと考えている。

一方で私は実務家でもある。これまで、コンサルティングや企業投資などを通じて、巨額マネーが飛び交うビジネスの世界で成果を出してきた。資本主義問題に対する考察は、学者によって書かれたものが多いが、それらは実務に根差した現実的な示唆を欠いていたり、ビジネス現場での実際的な制約をしばしば無視しがちである。その点、学術・実務両方の世界に通じてきた私の経験は、この問題を論じるにあたって貴重な存在だと自負している。

本書の構成としては、まず〈第1章　ハリボテの資本主義〉で、資本主義の歴史と変遷について考察する。正体がわかっていないと、資本主義に過度な期待を抱いたり、その中における不要なストレスに苦しめられることとなる。資本主義は一般に考えられているほど堅固《けんご》なものでも完全なものでもない。「幽霊の正体見たり枯れ尾花」ではないが、資本主義の本質がわかれば、漠とした不安も解消されるはずだ。

しかし、多くの読者にとってより重要なのは、資本主義に対する見方を変えることだけでなく、現実にどう対処するかということであろう。世に浸透してきた処方箋には間違いも多く、およそ実行不可能なものも少なくない。

そこで〈第2章　キャリアアップという幻想〉では、一般的な「キャリア」論を批判的に考察し、これらが状況によってはいかに欺瞞《ぎまん》的ですらあるかを論じていきたい。

現代のキャリア論は、大雑把に言えば、「自己実現」にむけて「努力」することを前提としている。しかしこのキャリア論が時として私たちを厳しい状況に追い込む。「努力」は疲弊《ひへい》を生む。「自己実現」は搾取をもたらす。たとえば、「新しい働き方」「自由な働き方」として称揚されるフリーランス。個人レベルでみれば、自立した働き方や収入を実現すべく、たえまない競争に身を晒《さら》すことになる。しかし、マクロレベルでみれば、雇用の流動化と、時間資源の労働力化をもたらしている。つまり、雇用規制を骨抜きにして、不安定な状況で最大限働かせるための施策ともいえる。自己実現はそのためのニンジンにすぎない。本書では、こうした問題の本質に目を向けつつ、目指すべきキャリア像について考えていきたい。

なお、現代資本主義の本質を見極めるためには、経済学の視点が避けられない。経済学は「予測が当たらない」など、なにかと批判に晒される。しかし、経済学は日々の意思決定のための学問である。現代社会を考える上で、経済学の視点は重要である。経済学というと、何やら複雑で難しい数式がでてくるものと思われて敬遠される向きもあるが、〈コラム　経済学を理解するためのガイドライン〉では、経済学を理解するためのいくつかの方法を提示する。

本書の核心となるのは、〈第3章　資本主義ゲームを生き抜くための処方箋〉である。人はなぜ資本主義をやめられないのか。その理由を探るのと同時に、現行の資本主義とは別の形の社会システムを模索することは可能なのか。これらの観点から、いくつかの「来《きた》るべき未来」を私なりに描いてみたい。

しかし、社会システムとしての資本主義を刷新することは、容易に果たせることではない。

当面は今あるこの社会が存続するという前提のもとで、どうにか生き抜いていくしかない。そこで資本主義におけるサバイバル法の数々を開陳する。経営者や資本家として「使う側」に回るか、従業員として「使われる側」に回るか、その選択だけでも生き残る方策は大きく異なってくる。

第3章では、資本主義社会におけるそうしたサバイバル法を、立場に応じて、個別に提示していきたい。

私たち人間が生まれた瞬間から着々と死への歩みを進めているのと同様、資本主義も死に向かっている。私たちに必要なのは、資本主義が現在、死へ向かう行程のどの段階に至っているのかという本質的な理解と、その死をどのように迎えるべきかという心構えである。

その上で、現状の資本主義と私たちはいかに向き合っていけばいいのか、現実的な解の模索が欠かせない。

従来、経済学者や社会学者が論じてきた資本主義の本質を、実務家の視点から噛み砕き、ビジネスの現場に生かすことを目的としているという意味で、本書は稀有《けう》な存在である。ビジネスパーソンに向けて、資本主義との向き合い方を実践的に示すこと――本書が目指したのはこのことである。
ぜひこの本を、現実社会との上手なつきあい方を考えるきっかけとしていただきたい。

2 「努力教」に背を向けて 127

2 個人としてどう生き抜くか

第1章　ハリボテの資本主義

＊

資本主義は「主義」にすぎない。

共産主義・社会主義諸国家が軒並み瓦解《がかい》した現代、資本主義は唯一絶対的なものにみえる。「主義」ではなく歴史的普遍として人々には映っている。しかし、一見して堅牢なこのシステムも、起源や歴史をふりかえれば、意外に脆《もろ》いものであることがわかる。資本主義とは、実は単なる偶然の産物にほかならず、弥縫策《びほうさく》に次ぐ弥縫策によってかろうじて維持されているハリボテのシステムである。

近代資本主義の成立は、一般的には産業革命以降だとされている。【1】資本主義を胚胎《はいたい》した近世ヨーロッパに遡《さかのぼ》り、そこから現代に至るまでの道筋を辿っていけば、この社会システムがいかに多くの欠陥を抱えた隙だらけの代物であるかがくっきりと見えてくる。

本章では、資本主義をめぐる歴史的経緯を概観することを通じて、このシステムに囚《とら》われず、脅かされもしない自由な視点を提供したい。

あらゆる生命体と同様に、資本主義システムも着々と死に向かっている。私たち個人にできることは、この現状を踏まえた上で、資本主義に代わる新しい社会を構築することか、ハリボテの資本主義でなんとか延命を図り、いっそこのゲームを楽しむこと、そのいずれかでしかない。いずれの道を選択するにせよ、資本主義の正体を正確に見定めることが出発点となる。

歴史の変転の中で、資本主義は、富を得たいという欲望を正義とみなし、欲望を結びつける形で「勤勉」や「努力」といった価値観までをも包含していった。その意味で資本主義は、宗教、あるいは依存症《いそんしょう》にも見立てうる。これらの観点を踏まえつつ、まずは資本主義の歴史と変遷の過程を、以下で述べていきたい。

1　何が資本主義を生み出したのか

資本主義を加速させた自由恋愛

資本主義誕生のメルクマールとして挙げられるのは、なんといっても一七世紀の初頭、イギリスとオランダに相次いで設立された東インド会社であろう。いずれも大海を跨《また》いでの交易と植民地経営から巨利を得ようとした会社組織であった。これらは、世界最初の本格的な株式会社としても知られている。

以後、一七世紀から一八世紀にかけて、経済におけるイギリスとオランダの覇権争いを軸に、欧州各国は重商主義を積極的に展開していく。一六九四年、ロンドンにイングランド銀行（現在のイギリスの中央銀行）が株式組織として設立されたことも、経済発展のひとつの象徴である。

専制君主が支配していた中世までの世界は、新興成金が幅を利かせる世界に、徐々に変わっていった。同時に、新興成金たちは富の拡大を担《にな》う存在として、都市に流入していった。

領土支配から商業社会へのこの大きなシフトチェンジの駆動力となったものは何だったのか――。それは自由恋愛である。

荒唐無稽に聞こえるかもしれないが、資本主義は、恋愛を媒介として大きく変質してきた。異性にモテたい、という欲望が人を財産の獲得へと駆り立て、カネと恋愛とを一体化させていったのである。

資本主義の誕生と波及について分析した古典的論考として、特に取り上げたいのは、ヴェルナー・ゾンバルト（一八六三～一九四一）の『恋愛と贅沢と資本主義』（講談社学術文庫）である。プロテスタンティズムの教理こそが禁欲的な営利活動に結びつき、資本の形成に帰結したとみるマックス・ウェーバー（一八六四～一九二〇）の『プロテスタンティズムの倫理と資本主義の精神』（岩波文庫）と双璧をなす。

ゾンバルトは、ウェーバーの言う「禁欲」よりも、むしろ人間の欲求の「解放」こそが資本主義を形成したと捉えている。ゾンバルトの言う欲求の「解放」とは、一面では、身分という壁を壊すことを指していた。それまで王侯貴族に独占されていた富が、市民階級である資本家たちの手にも渡っていくことによって、中世までの固定的な身分制度に楔《くさび》が打ち込まれた。
この身分制度の瓦解は、さらに二つの方向から決定的なものとなっていった。ひとつには、平民である新興成金が、貴族としての位階を金銭的に手に入れようとしたことである。もうひとつには、没落貴族が、財力をあてにして、娘を介して新興成金と婚姻関係を結んだことであった。[2]

このようにして身分を分かつ壁が双方から溶解していく中で、身分の垣根を越えた自由恋愛が普及していったのである。

中世以前の社会においては、結婚あるいは恋愛は、必然的に身分の拘束を受けるものだった。身分の壁を跨いでの男女の結びつきは考えられなかった。

屋台骨はブランドとプライド

身分制瓦解の最初にみられた動きは、資産を持っていた王侯貴族が、市民階級の魅惑的な女性を愛妾《あいしょう》として抱えることだった。

愛妾は「高等娼婦」とも呼ばれるが、彼女たちを文字通りの「娼婦」と捉えるのは適切ではない。ゾンバルトは「愛妾」を「由緒正しい婦人と娼婦の中間」と表現している。[3] 現代の感覚に照らせば、「愛人」のイメージに近い。彼女たちは宮廷に出入りしながら、王や廷臣らの豊富な財力によって華麗に着飾り、奢侈《しゃし》のかぎりを尽くしていた。

代表格としては、フランスのルイ一五世（一七一〇～一七七四）の愛妾として名を馳せたポンパドゥール夫人（一七二一～一七六四）が挙げられる。

銀行家の書記のもとに生まれた彼女は、ルイ一五世に見そめられ、公妾となってからは宮廷内で実権を振るい、ロココ文化を牽引《けんいん》する役割を果たした。年間一〇〇万フランもの香水を使うその華美な生活は、王室の財政を傾かせて、フランス革命（一七八九～一七九五）の原因のひとつになったとも言われている。[4]

さらには廷臣らも王侯に倣《なら》い、一八世紀の終わりには、宮廷に仕える二〇人の男性のうち一五人が、夫人ではなく妾《めかけ》と暮らしていたと伝える記録もある。そして、愛妾を抱える維持費は、莫大な金額に達していった。[5]

やがて彼女たちは、抱え主の財力にものを言わせていっそうの絢爛《けんらん》さを求め、誇示するようになり、上流社会の女性たちのファッションリーダーにさえなっていった。[6]

宮廷内に入り込んでいった高等娼婦らは、市民にとっても、華麗な衣装に身を包む宮廷の女性を最も身近に観察できる存在でもあった。そのため、高等娼婦らが宮廷で身につけ、さらに洗練させていった装いの文化は、都市の一般女性の間でも模倣されていくことになるのである。

やがて王族や貴族だけでなく、裕福な資本家たちも、愛妾を抱えるようになっていった。たとえばパリでは、大資本家の愛妾らが建物や家具調度、装飾品や銀器などにあまりにも行き過ぎた出費を重ねていった。[7]抱えている娼婦に華美な生活を送らせることは、自らの財力の誇示にもつながるため、この傾向はエスカレートしていく一方だった。

女性は自らを装飾する贅沢品を心置きなく消費できるように、資金力を見定めた上で男性を選ぶようになった。男性はその贅沢品を賄《まかな》うための資金力を得るために、商業を通じてさらなる利潤獲得を追求していった。

こうした潮流の中で花開いたものこそが、ポンパドゥール夫人が旗振り役となったロココ文化であった。

ゾンバルトは、一二世紀から一八世紀にかけての六〇〇年で、裕福な人々の繰り広げる奢侈が発展していった過程を、「屋内化」「即物化」「感性化／繊細化」「圧縮化」といった視点から分析している。そしてこの過程で、人が大都市に集中し、各々はより狭い居住空間に甘んじざるをえなくなったこと、そして奢侈の主役が男性から女性に移っていたことを指摘している。

宮殿の外観など大規模で公共的なものとして存在していた絢爛さが、家具調度品など屋内を装飾するものに移行していった。さらには大勢の召使、馬上槍試合、豪勢な食事、といった、「モノ」が残らない奢侈よりも、部屋の中の無数の豪華な小物などの物質的な奢侈が、富のステータスとして誇示されるようになった。これが、ゾンバルトの言うところの「屋内化」であり、また同時に「即物化」でもあった[8]。

すなわち、「プティ（小物）」を重んじる風潮へのこのシフトは、それまでの男性主導の宮廷文化から、家の中での生活品を重視する女性主導の家庭文化への変化でもあった。資本と交換された華やかな家具や小物が、女性たちの部屋を飾り立てていったのである。

一八世紀のルイ一五世の時代、すなわち、ポンパドゥール夫人やデュ・バリー夫人が愛妾であった時代になると、屋内化・即物化した奢侈はさらに「感性化／繊細化」した。すなわち、動物的な本能を刺激するもの、手の行き届いたもの（より多くの労働力を必要とするもの）が望まれるようになったのである。たとえば高価な香水がこれにあたる。

こうした「プティ」化は、小資本と相性が良かった。大がかりな宮殿や、その中を彩る芸術作品等と違って、より小さい額で買える小ぶりで手軽なステータスシンボルは、蒐《しゅう》集《しゅう》しやすい。衣服、バッグ、アクセサリーといったブランド品の小物をあれもこれも集めたくなる欲望に女性は抗《あらが》えない。そして男性も男性で、競うように着飾る女性を洗練されたものと捉え、より惹かれていったのである。

この物質的欲望の無限スパイラルこそが、資本主義の表象であり、エンジンでもあった。男性にしても女性にしても、見た目だけに囚われていると言ってしまえばそれまでであるが、見た目こそが資本主義の本質だということは、見落としがちな視点である。

ここまで、一七世紀から一八世紀にかけてのヨーロッパの状況を記してきたが、参考までに、同時期——太平の世を謳歌する葵《あおい》の時代の日本も見ておこう。

一橋大学名誉教授の寺西重郎《てらにしじゅうろう》は、その著書『日本型資本主義』（中公新書）の中で、江戸の消費文化をリードしたのが徳川家臣団であった点について述べている。[9]

農民の奢侈がたびたび出される禁令によって取り締まられる一方で、江戸の上級武士や豪商らは、上方《かみがた》からもたらされた多彩な呉服や高価な刺繡《ししゅう》を施した小袖などで着飾り、白米を食べながら、身の回りの調度品などに趣向を凝らしていた。

　また、娼婦がファッションの牽引役となったことも共通している。日本でも、武家階級を相手にした遊郭の女性たちは、庶民からは憧れの目でみられた。現代の結婚式でも見られる文金高島田は、もともとは遊郭の遊女が好んで結《ゆ》っていた髷《まげ》の形だと言われている。

　さらには、固定された身分制度にも溶解の兆しがみられた。一部では身分の売買が行なわれていた。例えば、本家は商家であった坂本龍馬は、郷士《ごうし》という下級武士ではあるものの武士階級である。

　このように、江戸時代の日本でも奢侈の発展や身分制度の溶解がみられた。しかし、西洋のような資本主義へと移行することはなかった。藩制により地域間の移動が制限されていたこと、経済的には農業を中心とした低成長モデルであったことなどが移行を阻害した。加えて、教育制度のベースに、商業を蔑《さげす》む儒教があったことの影響がある。徹底した反商業主義者であった儒学者の荻生徂徠《おぎゅうそらい》は奢侈の気風を、「金さへ有れば大名と同じことにて、誰制する者なし」と著書『政談』で警告した。[10] 思想面でも奢侈への抑圧があった。儒教が与えた金銭教育への影響は大きく、今日でも、例えば金儲けへの無自覚な反感をもつ日本人は少なくない。

後ほど説明するように、宗教改革がむしろ資本主義への正当性を与えた西洋の歴史展開とは多少異なる。

アングロサクソンと資本主義

ここまではゾンバルトによりながら、資本主義が、恋愛のみならず、所有欲、名声欲、権力欲など、人間のさまざまな欲望に基づいて形成されたことを見てきた。いわば、個々人の欲求の面から資本主義の発展を説明してきたわけである。

ここでは株式市場に注目することによって、資本主義の発展の歴史をひもといてみたい。今日、単に「資本主義」と言う場合、それは英米型の「アングロサクソン型資本主義」を指している。資本主義の一形態にすぎないこの「アングロサクソン型資本主義」が、どのようないきさつで誕生し、そしてまた覇権を握るに至ったのか。『資本主義問題』（松岡正剛著、角川ソフィア文庫）を参考としながら検証していく。

そもそも「アングロサクソン」とは、五世紀のゲルマン大移動に伴い、大陸からイングランドに渡っていったアングル人とサクソン人を指している。彼らは、イングランドに複数の王国を築き、互いに争っていた。一〇世紀頃、「西のサクソン王国」を意味するウェセックスのエグバート王が、七つの王国を統一して島の覇権を樹立した。この国こそが、「アングル人の土地」を意味する「イングランド」であった。

そして、そのイングランドで一七世紀に構築されたのが、「市場原理」と「株式会社」を併せもった「アングロサクソン型資本主義」であった。

「市場原理」はこうして生まれた

資本主義の発達以前、農業で生産された物は、まずは共同体の中で消費されたが、その余剰品は他の地域で物々交換されていた。原始的な物々交換は局地的に行なわれていたが、やがて都市に開設された市での大規模な取引が始まっていくようになる。取引の対象も、農産物から工芸品などに拡大されることとなる。

ヨーロッパでは、一四世紀頃になると、職人組合が組織され、取引規模が拡大した。そして多様な製品を求めて、各都市で開かれる市と市とが交易路で結びつけられていくようになる。

一六世紀には、そうした市が国際都市として拡張されて「大市」となった。一七世紀になって生まれたイノベーティブな取引システムが、新興都市アムステルダムに開設された商業取引所であった。不定期に開催された大市と異なり、取引所が常設されるようになった。そして、取引所では、多岐にわたる商品のその時々の相場価格や、為替《かわせ》レート、海運状況等の情報が重宝されるようになった[1]。

また同時期のロンドンに誕生したコーヒー・ハウスも、喫茶店兼社交場であると同時に、いわば私設取引所としての役割を果たすようになっていた。当時の金融の中心地であったシティの取引所近くに設けられることで、コーヒー・ハウスは商人たちが情報を求めて集う場となっていた。

取引所において交換されるのは、実物とは限らなかった。あらゆる商品が、記号化された証券を介して交換されるようになっていった。

さらに専門家と化したトレーダーの売り買いによって、商品がプライシング（価格付け）されるようになっていったのもこの時期である。

トレーダーによって売買される価格は、売り手・買い手の思惑によって大きく変動する。しかし、いずれ価格は需要と供給の均衡に基づく適正な水準に収まっていく。この価格収《しゅう》斂《れん》の仕組みこそが「市場原理」と呼ばれ、資本主義の教義となっていった。

アダム・スミスは『国富論』(一七七六)で、この市場原理を「神の見えざる手」と表現し、個々人の利益追求が、社会全体の利益をもたらす、とする見方を示した。

そして、一八世紀の「見えざる手」の考え方は、二〇世紀にレーガノミクスやサッチャリズムとして導入された米英の新自由主義的経済政策にも脈々と受け継がれた。政府による市場への介入を排除し、自由放任を望ましいものとする立場をとった。

さらに、二〇〇七年からの世界金融恐慌(いわゆる「リーマンショック」)においては、アダム・スミスの顔がプリントされたネクタイを、米財務長官ヘンリー・ポールソンやFRB議長ベン・バーナンキらが着用していた。市場原理によって市場が正常化されることを願ったものであった。

「株式会社」はこうして生まれた

「市場原理」と並んでもうひとつ、アングロサクソン型資本主義の発明は、「株式会社」である。

最初期の株式会社は、イギリスとオランダでほぼ同時期に誕生した。

イギリスの東インド会社は、エリザベス女王（エリザベス一世）から特許状を下付《かふ》された商人たちが一六〇〇年に設立したものであり、世界初の株式会社とされている。他方のオランダでは、一六〇二年に合同東インド会社が設立され、一六一一年には世界最初の証券取引所であるアムステルダム証券取引所も誕生した（合同東インド会社の前身となる新アムステルダム東インド会社は、一五九七年に設立されている）。

当初はオランダ東インド会社の方が先進的であった。イギリス東インド会社は、株式会社であったとはいえ、交易品を求めて東インド（インド、インドシナ半島、マライ諸島などを指す総称）との間で一航海するごとに資金が集められ、利益の精算と分配まで行なう当座企業的な方式であった。そのため、集められる資金にも限度があり、オランダ東インド会社の後塵《こうじん》を拝していた。[12] しかし一六五七年、オリバー・クロムウェル（一五九九〜一六五六）の梃入《てこい》れで、イギリスの東インド会社も株主への配当金を軸とする永続的企業として再出発を果たした。[13]

オランダ東インド会社が優れていたもう一つの理由は、出資者に帰せられる責任が有限であったことである。つまり、株主は出資金のみに責任を持ち、損害が発生した場合も出資金以上の責任を問われないとされたのである。他方のイギリス東インド会社では、当初は無限責任によって出資を募っていた。この背景には、有限責任を認めてしまうと、出資者たちが経営に真剣に関与しなくなってしまうのではないか、という懸念があったとされる。[14] 結果としてイギリス方式の競争力は削がれていった。しかし、有限責任におけるフリーライダー（ただ乗り）の問題は、現代の経済学でも未だに大きな論点となっている。有限責任が一般的になるのは、この後、一九世紀のアメリカにおいてである。[15]

このほか制度面では、両国の東インド会社はともに、「共同出資」と「法人格」が特徴として挙げられる。

すなわち、複数の株主から出資を募る方式にすることで、一人の株主では賄えない巨額の資金を集めることができ、会社組織そのものが人と同様に権利や能力を有すると認められた。「有限責任」「共同出資」「法人格」といった特質は、現代の株式会社の骨格となっている。

しかし、一七世紀初頭における「株式会社」は、いつでも壊れうる脆い存在であった。そもそもが、オランダとイギリスの経済的な覇権争いから、手探りで生み出された器にすぎない。国家が報酬をぶら下げることで民間の活力を利用するための方便にすぎなかった。また、この背景に対して極端な見方をすれば、株式会社はその発端からしてグローバルにおける収奪を目的として設立されたものだといえなくもない。

さらに当時の株式会社は、特許状がなければ存続することができない、急場しのぎのものであった。イギリス東インド会社は、結果的には「特許期限切れ」（一八七四年）まで二七四年間存続することになるが、一六四二年からのピューリタン革命、続くクロムウェルの独裁によって潰されかけるなど、その基盤は決して盤石なものではなかった。[16]

バブルという避けられない爆弾

資本主義を揺るがすものは、社会運動や権力者による人為的なものとは限らない。資本主義が抱える最大の爆弾は、株式会社と市場原理そのものに内包されたバブルである。

現代に至るまで、資本主義はバブルがはじけなかったことがない。市場には、投機熱を食い止めるリミッターが備わっていないからである。現行の資本主義が続く限り、そして株式によって会社が運営されている限り、バブルは必ず起こる。読者はまずこのことを認識すべきである。

最初の大々的なバブルは、一七世紀初頭、すなわち資本主義が産声《うぶごえ》を上げてまだまもない頃、オランダで起きたチューリップ・バブルである。

一六三六年から三七年にかけて、売買の対象となったチューリップの球根の価格が、当時の市民の平均年収の五倍以上にまで高騰し、先物取引（まだ存在しない球根の売買）までなされた。やがてチューリップ市場は暴落、債務不履行《ふりこう》が連鎖した[17]。

株式会社という仕組みが一六〇〇年代の初頭に登場してから数十年のうちに、すでにバブルとその崩壊が起きているのは驚くべきことである。チューリップがバブルになることが信じられない読者がいるかもしれないが、現代でも高級時計では、平均年収の五倍を超える取引も珍しくない。

さらに、より深刻な影響を人々にもたらしたのは、それから八〇年ほど下った一七一九年から一七二〇年にかけて、フランスとイギリスで相次いで起こった、株価の乱高下をめぐる一連の騒動である。

ひとつはミシシッピ・バブル（フランス）、もうひとつは南海泡沫《ほうまつ》事件（イギリス）である。

フランスのミシシッピ・バブルの立役者であるジョン・ロー（一六九一～一七二九）はス

コットランドの資産家の家に生まれた。若い頃は、数学研究の傍らギャンブルに溺れ、恋愛にまつわる殺人の廉《かど》で死刑判決を受けた後、オランダに逃亡した、という奇異な過去をもつ伊達《だて》男であった。しかし、逃亡先のアムステルダムがローの人生を変えた。ローは先進的な金融業界に魅了され、投機によって莫大な資産を築くことに成功する。フランスに移った後には、ルイ一四世からルイ一五世の時代のフランス政府に入り込んで、最終的には財務総監にまで任じられている。[18]

ローは、一七一七年、紙幣を発行できる国営銀行バンク・ジェネラール（現在のフランス中央銀行の前身）の設立を主導すると同時に、まだ手つかずだったアメリカ新大陸フランス領ルイジアナ（ミシシッピ川流域）の通商を一手に引き受ける「西方会社」を設立した。[19]

西方会社は、一七一九年には他のいくつかの貿易会社を接収して通称「ミシシッピ会社」として改組され、ついには王立造幣局までをも併合し、フランスの植民地貿易を独占するようになった。そして、将来のルイジアナ開発から発生する利益を、バラ色の未来としてことさらに強調しつつ、多額の配当を保証し、株価を吊り上げていった。

こうしてローの思惑どおり、ミシシッピ会社の株価は急騰し、投機熱が煽《あお》られていった。ミシシッピ会社株の売買で巨万の富を手に入れる者も現れはじめ、「百万長者（フランス語ではミリオネール、英語でミリオネア）」という語も、このときに生まれた。[20]ローのもとには、株式を求める人々が欧州中から二〇万人も集まったという。[21]

しかし吊り上げられた株価は、会社の実態に応じたものではなかった。ミシシッピ会社の北アメリカでの活動実態は、「宗教的にも人類学的にもかなりお粗末なものだった」。[22]紙幣の発行権と株式市場の監督権をもつローが、フランス政府に大量の紙幣を発行させつつ、増資によって自ら運営するミシシッピ会社で資金調達を繰り返すといういかさまスキームであったため、すぐに馬脚を露《あら》わすことになった。

一七一九年の暮れにはミシシッピ会社の株価が下落しはじめ、ほどなく急落、一七二〇年五月には、財産を無にされた民衆が怒り狂って王立銀行の周囲に群がる騒ぎとなった。生命の危機を感じたローはパリを脱出し、最終的にはブリュッセルに逃亡した。[23]

この顛末を、アムステルダムの投資家たちは揶揄《やゆ》した。[24]

ミシシッピ・バブルの崩壊は、フランスの金融発展に大きな傷跡を残した。その後、数世代にもわたってフランスが、紙幣の発行や株式市場で他国に遅れを取る原因になったとされている。

とはいえ、一七世紀のローや民衆を、短絡的に「愚か」と断じることは適切ではない。中央銀行の独立性の欠如、株式会社の情報の不透明性、民衆による根拠なき熱狂、などは、現代でもみられる課題である。[25] 中央銀行がペーパーマネーを大量に刷り、株価が押し上げられる構造はコロナ禍でもみられた。見方によっては、ローを今日のリフレ政策の先駆者とみなすこともできるだろう。資本主義がバブルの必然性から解放されないかぎり、ミシシッピ会社が辿った顛末《てんまつ》は今日でも再発しうることは、指摘しておきたい。

フランスのミシシッピ・バブルとほぼ同時期、イギリスで起きたのが、南海泡沫事件である。

イギリス版ミシシッピ・バブルの主役となったのは、一七一一年に設立されたイギリス南海会社（South Sea Company）であった。当時、イギリスとフランスは、スペイン継承戦争（一七〇一～一七一四）などで敵対関係にあった。イギリスが早期の講和条約（一七一三年のユトレヒト条約）締結の条件として、フランスが握っていた南アメリカの一地域に加え、黒人奴隷の独占的な貿易権を、譲渡させる交渉に成功したことが、事件の遠因となった。この黒人奴隷貿易を受託したイギリスの会社が他ならぬ南海会社であり、同社が莫大な利潤を得るであろうことは明らかであった。[26]

さらに、フランスのミシシッピ会社を見習った南海会社筆頭理事ジョン・ブラントの働きかけで、一七二〇年四月には「南海計画法」が成立してしまった。これは南海会社が、戦費増大に苦しむイギリス政府の債務引受を条件に、株式発行を認めさせたものであった。南海会社の株価が将来も値上がりしつづける、という夢物語を危ういものとみた反対議員はいたものの、同社に買収されていた議員も多くいた。

奴隷貿易と国債の引き受けを担った南海会社の株を、多くの人が会社の営業状態を考慮することなく、「儲かるはず」という見込みだけで買い漁った。その中には、父祖代々の土地を売り払ったり、借財したりしてまで株を購入する者が含まれていた。

株が売り出されて二ケ月もする頃には、投機熱は頂点に達し、南海会社の株価は当初のほぼ一〇倍にまで高騰した。[27]

南海会社の投機熱に呼応して、投機資金を当て込んだだけの、内実の伴わない「泡沫会社」が、イギリス国内に無数に設立された。同じ一七二〇年の四月から五月にかけてだけでも、五〇もの新会社が名を揚げたという。その多くは、「四〇年前の沈没船から金を引き揚げる会社」「塩水を真水にする会社」など、かぎりなく怪しい事業内容を掲げるペテン同然の会社だった。[28]

こうした乱脈な投機ブームに対して、八月になってようやくイギリス議会も規制に乗り出した。泡沫会社禁止法を制定して、国王の特許状または議会の承認を得ていない会社が株式を発行することを禁じたのである。この規制によって、多数の泡沫会社の株価が文字通り水泡に帰した。つまり、株価ゼロになった。

九月には、このブームの牽引役であった南海会社の株価も急落、事態は一足飛びに大恐慌とも言うべき混迷状態に陥った。一夜にして財産を失い、絶望して自殺する者もあとを絶たなかったという。

『ガリバー旅行記』を書いた作家のジョナサン・スウィフトは、『南海計画』という長編詩を、「われわれが誇っていた巨万の富が、一片の反故《ほご》と化してしまった」と結んでいる。[29]大損したアイザック・ニュートンも「天体の動きは計算できるが、人々の狂気は計算できない」との明言を残したとされるが、真偽のほどは定かではない。[30]日本でもおなじみの「バブル（泡沫）」の語は、この南海泡沫事件に由来する。

もっともイギリスの南海泡沫事件は、フランスでのミシシッピ・バブルに比べれば、被害の度合いがはるかに小規模で済んだ。

絶対王政であったフランスと違ってイギリスでは、議会制民主主義がまがりなりにも機能しており、南海会社も反対派議員の懐疑の目に晒されてはいた。さらに、王立造幣局までをも併合したフランスのミシシッピ会社とは異なり、南海会社とイングランド銀行は互いの独立を保っていたことから、南海会社の暴走に一定の歯止めはかかっていた。

しかし英仏いずれのケースも、株式が将来にわたって値上がりしつづけるはずだという見立てに基づいて大勢が投機的に買い漁り、やがて虚像が明らかになって株式が灰燼《かいじん》に帰した、という構図において共通している。そして言うまでもなく、この構図は世界金融危機も含め、現代に至るまでのあらゆるバブルで繰り返されている。

資本主義は一度死んだ

バブルの崩壊は、その都度、原因が検証され、反省され、処方箋が出される。そしてまた繰り返される。ここで本当に問うべきは、「果たして腐っていたのは会社という果実であったのか、それとも資本市場という根っこであったのか」ということではないだろうか。つまり、株価高騰によるバブルの枠組みは、むしろ資本主義自体に内在する不可避のイベントだとみる必要があるのではないだろうか。この問題は後に詳述する。

話を整理すると、イギリスで生まれた「市場原理」と「株式会社」は、フランスのミシシッピ・バブルとイギリスの南海泡沫事件によって、一気に下火になってしまった。投機熱に浮かされて財産を失うというバブルの怖さを、多くの人が身をもって知ったのである。東インド会社の設立から約一〇〇年。相次ぐバブルによって、資本主義の根幹をなす市場原理と株式会社に対する信頼がなくなったのである。このとき、資本主義は一度死んだ。

その後、イギリスを含む欧州では、「株式会社離れ」が起きた。代わって流行したのは、パートナーシップによる共同経営である（正確には、株式会社以前の方式に戻っただけなのであるが）。株式会社とは異なり、パートナーシップは、経営者のみによる出資と無限責任を原則としている。有限責任である株式会社ほど多くの資金を集めることはできないが、無限責任であり、株式会社のように会社が投機の対象となるのを防ぐことにつながっていた。

株式会社に対する不信感が根強く残存し、前述の泡沫会社禁止法等の規制のもと、株式会社の経営主体に対しては法人格がなかなか付与されなくなったことも、パートナーシップが流行した一因である[31]。

なお、パートナーシップは、株式会社以前の方式ではあるが、現代でも、経営コンサルティング会社や法律事務所などでよく見られる形態である。私がかつて在籍していたマッキンゼーもパートナーシップを採用している。正式名称の「McKinsey & Company」の「Company（カンパニー）」は「会社」と理解されているが、そもそもは「組合員」または「仲間」の意味である。つまり元々は、設立者のジェームズ・マッキンゼーとそのパートナーによる組織であったことを意味している。

パートナーのみが会社を所有する組織は、言い換えれば株主に目を向ける必要がないことを意味している。真の〝顧客ファースト〟は、パートナーシップであるからこそ実現できる、と考える会社も少なくない。

投資銀行もまた、二〇〇〇年くらいまではパートナーシップ形態が一般的だった（ゴールドマン・サックスは一九九九年上場）。投資銀行におけるパートナーシップから株式会社への移行には、経営陣からの少なくない抵抗があったようである。マネックス証券を創業した松本大《おおき》がゴールドマンのパートナー職を辞したのも同社が株式上場する直前の時期であった。[32]

ともあれ株式会社の仕組みは、相次ぐバブル崩壊でいったんは下火になった。一八世紀の後半に起きる産業革命に向けて徐々に近代化していくのだが、株式会社への不信が続くイギリスで泡沫会社禁止法が撤廃されたのは一八二五年のことであった。会社に法人格を付与し、社員の有限責任を保障する「会社法」の成立に関しては、一八六二年まで待たねばならなかった。

いずれにしても、一八世紀のフランスとイギリスで起きたこの初期資本主義の暴走をめぐる出来事は、資本主義というシステムの持つ危険性を多くの人々に思い知らせる役割を果たした。今日の我々が当たり前だと受け止めている、株式会社の存在とその株式への投資を前提とする資本主義は、そのままあっけなく息の根を止められていてもよかったはずなのである。

だが実際には、そうはならなかった。

資本主義は、アメリカで息を吹き返した。

株式国家アメリカ

アメリカ――資本主義が産んだ人工国家。

こういうとラディカルに聞こえるかもしれない。しかし、アメリカが人工国家であるとの見立ては、一七八五年に設立されたポトマック社の社長が、アメリカ初代大統領のジョージ・ワシントン、取締役が第三代大統領のトマス・ジェファソンであったという事実が物語っている。

そもそも北アメリカの一三の州が、宗主国であるイギリスに対する独立宣言を批准したのは、イギリス産業革命のさなか、一七七六年七月二日のことであった。つまりは近代資本主義の誕生と同時期に、この人工国家も誕生したのである。

独立から日が浅いアメリカでは、インフラ整備が最優先課題であった。運河、道路、銀行、市役所、教会、大学といった無数のインフラ開発や運営は、いずれも特別な独占権を与えられた特許会社によって担われた[33]。

会社が株を発行することで資金を募ることができる株式会社の仕組みは、複数の資本家から迅速に資金を集める上で好都合であった。先にふれたように、アメリカでは有限責任が一般化したことも、こうした背景を反映していた。株式会社が、国家のインフラ整備を導いたのである。

こうしてアメリカでは、投資と企業経営とが一体化していくという動きが一般化していった。代表的な資本家は、コネティカット州生まれのJ・P・モルガン（一八三七〜一九一三）である。父親J・S・モルガンがロンドンで創業した金融業を引き継ぎ、一九世紀には世界最大の銀行家となった。他方で、事業再編も積極的に行なった。例えば、現在でも米国を代表する企業であるUSスチールは、もとをただせばモルガンが中心となっていくつかの企業を合併してつくった会社である。同社は、一九〇一年にはアメリカの鉄鋼生産の七〇パーセント近くを占めるようになっていた。モルガンはUSスチール以外にもGE（ゼネラル・エレクトリック）などの買収を手がけたほか、鉄道業界の再編も主導している。モルガンの成功は、第二、第三のモルガンたらんとする金融投資家たちの野心を駆り立てていった。

企業合併によって財をなした他の例は、スタンダード・オイルの創業者として知られるジョン・ロックフェラー（一八三九～一九三七）であろう。

一八七〇年に同社を設立したロックフェラーは、それから間もない一八七二年に、アメリカの石油精製拠点のひとつであったオハイオ州クリーブランドを中心に、競合する製油所を次々と買収した。競合企業二六社のうち二二社もの吸収合併を果たしたことは、「クリーブランドの虐殺」と称されている。同社の買収提案を拒否した他の競合企業は、当然ながら競争力を失っていった。[34] スタンダード・オイルは、一八七〇年代末にはアメリカ産の石油の九〇%を精製するまでに事業を拡大した。

しかし、こうした強引な買収に問題がなかったわけではない。当時、オハイオ州で法人化していたスタンダード・オイル社は、オハイオ州外で株式を保有することは禁止されていた。そのため、事業を拡大していた同社は、各州で独立した企業を運営するしかなかった。これが経営の非効率をもたらしていた。

この非効率な経営から脱するため、ロックフェラーは、強引で脱法的な手段にでていった。スタンダード・オイルは、四〇社に及ぶ傘下の石油会社の議決権付株式を「信託」の形で一社に集中させ、ロックフェラー一族とその信頼を得た九人の受託者がこの一社を経営することで、実質的に全米中の会社を支配したのである。こうして一八八二年に誕生したのが、スタンダード・オイル・トラストであった。「トラスト（信託）」による経営形態の誕生であった。

このように、アメリカは、新興国家であったが故に、国家開発と企業が金融投資によって密接に結びついてきた。

また、アメリカが「合〃州〃国」であることも、企業にとっては好都合であった。会社法は州によってさまざまで、たとえばニュージャージー州は、州法でトラストを許容していた。企業に抜け道や助け舟を用意する州が存在したのである。このような事情もあり、結果として企業によって国家インフラの整備が進められ、国家もまた、こうした企業にインセンティブを与える関係がうまれたのである。米国においてこそ、資本主義は二〇世紀へ向けてますます勢いを増し、巨大化していったのである。

「アメリカを動かしているのは、大統領ではなくて巨大資本である」という陰謀論めいた言説があるが、アメリカという国は、むしろ初めから金融資本や企業によって成り立っていたとみるべきであろう。【35】

戦争が「コンサルティング」を生んだ

アメリカで、投資と企業経営、そして国家運営が一体化していく動きをみてきた。もうひとつのアメリカの特徴は、資本と戦争が密接にからんでいったことである。アメリカの経済発展は、現代に至るまで、戦争というカンフル剤の上に成り立っている。

特に、一九一四年七月に勃発した第一次世界大戦は、アメリカの経済力を大幅に躍進させるきっかけとなった。

それまでのアメリカは、日本同様の新興国にすぎなかった。当のアメリカ自身が、自らをヨーロッパの列強諸国に比して後進国であるとみなしていた。

実際、坂本龍馬が愛読していたとされる国際法の解説書『万国公法』[36]でも、世界の「五大国」とはイギリス、フランス、オーストリア、プロシア、ロシアを指しており、アメリカは「新興国」という位置づけになっていた。

「新興国」であったアメリカが、日本と並んで「五大国」の仲間入りを果たしたのは、第一次世界大戦を経てのことである。

世界最初の総力戦とされる第一次世界大戦に際して、アメリカは当初、中立を守っていた。先に参戦していたイギリス、フランスなどのヨーロッパ諸国はその間に物資が窮乏し、アメリカからの借款《しゃっかん》に依存せざるをえなくなっていった。アメリカは、鉄鋼や小麦の生産量を飛躍的に増大させ、軍需品生産に追われているヨーロッパ諸国に積極的に輸出していった。

一九一七年四月には、アメリカもドイツに宣戦布告して大戦に参入する。先述のような経緯もあり、参戦までにアメリカの経済力は格段に上向いていた。大戦前には純債務国であったアメリカは、大戦後の一九一九年には貿易黒字を実現、一三二・三億ドルもの対外債権を保有する債権国にさえなっていた[37]。

第一次大戦後、欧州では戦勝国も敗戦国も経済的に疲弊している中、アメリカは新たに勃興した「世界の工場」として、急速な経済成長を遂げたのである。この大戦を通じて日本も同様の発展を遂げた。

一九二九年の世界恐慌で冷や水を浴びせられるまでは、「狂騒の二〇年代」とも称され、株式や国債が濫発され、投資熱が煽られた。次第にアメリカ人の間には、「地道に働くより、投資したほうが儲かる」という価値観が浸透していった。

さらに新興国アメリカでは、政府は市場に積極的に介入しようとせず、民間企業に市場運営を委ねる「小さな政府」が志向された。「小さな政府」がなすことといえば金融政策、徴税、公共投資である。見方によっては、戦争も公共投資の一種である[38]。

第一次世界大戦がアメリカにもたらしたものはほかにもある。コンサルティング業界の隆興である。コンサルティングが、第一次世界大戦を通じて、にわかに脚光を浴びることとなったのは、以下のような経緯による。

アメリカ合衆国は、第一次世界大戦の影響による歳入不足を埋め合わせるため、また参戦してからは戦費調達を目的として、特別税、超過利得税、戦時利得税など、税制上の新法を矢継ぎ早に成立させていった。

これによって、会社などの法人は高率の税負担を強いられた上に、法制度は複雑になり、専門家による助言が必要とされた。その結果、特に会計コンサルティングの需要が急増したのである。

プライス・ウォーターハウス（現・プライスウォーターハウスクーパース）は、一八四九年にロンドンで創業されると、一八九〇年にニューヨーク事務所を設立。その後は合衆国政府をクライアントとして、財務顧問のような役割を果たしていった。その一方で、法人向けにも税務サービスを提供し、政府と民間の両面にわたる事業を展開していた。複雑な税制へのアドバイスに定評があった。

また、初めて「経営コンサルティング」を名乗ったブーズ・アンド・カンパニーは一九一四年に、[39]マッキンゼーも、シカゴ大学教授で、会計の専門家であったジェームズ・マッキンゼーによって一九二六年に、いずれもシカゴで設立された。

そして第二次世界大戦までの戦間期に、コンサルティング業界は、経営管理手法を生み出していった。企業が巨大化し、海外展開や多角化が進展していくにつれて、経営管理（マネジメント）の必要性がにわかに高まってきたからであった。

この時期に生み出されたマネジメント手法の代表が「事業部制組織」である。

経営史学者のＡ・Ｄ・チャンドラーは、『組織は戦略に従う』（ダイヤモンド社。原著は一九六一年）の中で、第一次世界大戦直後から一九二〇年代にかけて、アメリカの先鋭的な巨大企業四社が、それぞれの必要から事業部制を採り入れていった経緯を、明らかにしている。化学企業のデュポン、自動車企業のゼネラル・モーターズ（GM）、石油企業のスタンダード・オイル、そして小売業のシアーズ・ローバックの四社では「管理された分権化」がみられた。各事業部が、事業に必要な機能をすべて備えているため、事業部単位で計画を立て、利益を出していくことが可能になった。その結果として、事業の多角化に対応しやすくなるだけでなく、事業部ごとに経営者を育成していくことにもつながっていったのである。

企業は、二〇世紀初頭のような、創業者の独断によって経営されるものから、マネージャーによって管理（マネジメント）される対象へと変化していった。

なぜ資本主義だけが勝ち残ったのか？

第一次世界大戦、そして世界恐慌による深い傷が完全には癒えないうちに、世界各国は再び、総力戦へと突き進んでいくことになる。一九三九年九月、ナチス・ドイツがポーランドに侵攻した。第二次世界大戦のはじまりである。[40]

この第二次大戦に際しても、アメリカは当初、中立を維持していた。第二次大戦勃発時の米国大統領であったフランクリン・ルーズベルト（一八八二〜一九四五）は、勃発後一年が経った一九四〇年一〇月の大統領選挙でも「あなたのこどもたちを外国での戦争に送ることはない」と演説している。[41]一般的には、ファシズムの拡大を食い止めるために、次第に参戦意欲を強めていったと言われている。

しかし、ルーズベルト大統領の参戦意欲の高まりに、当時のアメリカが不景気に見舞われていたことをみる向きもある。実際に、参戦によって、軍需品の生産拡大や、それに伴う財政出動があった。アメリカの実質ＧＤＰは、開戦時の一九三九年から終戦時の一九四五年までの間に、約八八％も増大した。

こうして結果的には、二つの世界大戦によって、アメリカ経済は大きく躍進していった。ただしこの時点では、アメリカ型の資本主義経済は、グローバルに、普遍的に展開されたものではなく、あくまでアメリカに限定される特異な形態であった。

逆に言えば、アメリカローカルの資本主義モデルが、その後、なぜかグローバルな展開を示していったのである。

そこには、三つの契機があった。

ひとつは、アメリカ式の企業経営が実に効率的であり、他国でも通用したことである。独自の進化を遂げたアメリカ型経営は、いつしか誰もが範として倣いたくなるほどの完成度を備えていた。

たとえばコンサルティングは、第二次大戦後、ますます勢いづいていった。アメリカのコンサルティング会社は、優良企業の経営管理手法を「ベスト・プラクティス（最も優れた実践事例）」として抽出し、外国企業に続々と「コピー」する役割を果たした。

ボストン・コンサルティング・グループ（ＢＣＧ）は、一九六三年にボストンに誕生したが、そのわずか五年後に東京支社が開設された。限られた人材、設備、在庫を用いて効率的な生産を実現したことで注目されていたトヨタの「カンバン方式」が「ＪＩＴ（ジャスト・イン・タイム）」と呼ばれ、再現性のある仕組みとして、世界中の製造業全般に応用されていった。

トヨタが職人技として培ってきた暗黙知を、コンサルティング会社が様々な業界の企業に応用できる形に整理して、世界中に拡大していったのである。[42]

「ベスト・プラクティス」を多業種に当てはめていくことは、投資を主体とするアメリカ型資本主義にとっても都合のいいものであった。投資は企業の成長を対象とする。そして企業の成長のためには、暗黙知に支えられた属人性の高い職人技よりも、誰にでも単純明快に模倣できるシステムが好まれた。

　こうしてアメリカ型資本主義は、一九六〇年代から一九七〇年代にかけて絶頂期を迎える。

　しかし絶頂は、転落のはじまりでもある。一九七一年のニクソン・ショック、一九七三年の第一次オイルショックを経て、アメリカ経済は坂道を転げ落ちるように衰退していく。資本主義は再び、死の瀬戸際まで追い込まれたのである。皮肉なことに、この凋落《ちょうらく》こそが、アメリカ型資本主義をグローバル化させた第二の契機となる。

ニクソン・ショックと「成長の限界」

　一九七一年、当時のニクソン大統領（一九一三〜一九九四）が緊急経済対策を突然発表する。一律一〇％の輸入課徴金の導入と、金とドルの兌換《だかん》の一時停止を柱とするものであった。

　当時のアメリカ経済は、出口も見えないまま長期化・泥沼化するベトナム戦争によって疲弊しきっていた。戦争をカンフル剤として利用しながら成長してきたアメリカ経済だが、ベトナム戦争においては、カンフル剤も通用しなくなっていた。

　加えて、ドイツや日本など、敗戦後の混乱から立ち上がり、工業生産力を着々と伸ばしてきていた他国の勢いに押され、アメリカ型の株式会社は次第に劣勢になっていった。その結果、ドルの価値は下落し、アメリカ政府としても、ドル防衛のための政治介入が避けられなくなっていったのである。

世界の基軸通貨である米ドルは、金地金《きんじがね》との兌換を保証することで、第二次大戦後の国際通貨制度を支えてきた（ブレトンウッズ体制）。しかし、一九七一年のニクソンの発表は、このブレトンウッズ体制に終止符を突きつけるものだった。ドルとの兌換に応じられないほど、アメリカの保有する金が減少していたことが原因であった。

結果として、この体制に依拠していた各国は、大きな影響を受けた。第二次大戦後、一ドル＝三六〇円の固定相場制を維持し、対米輸出に依存していた日本も変動相場制へと移行することとなった。

続いて一九七三年、第四次中東戦争をきっかけとして第一次オイル・ショックが、一九七八年には、イラン革命を機に第二次オイル・ショックが発生した。産油国が集中する中東地域の政情不安から、原油の供給量が逼迫《ひっぱく》し、原油価格が高騰したことに伴って、世界経済が混乱の渦に巻き込まれた。

この時期、ローマクラブがセンセーショナルな報告書を発表した。

ローマクラブは、大型コンピュータの開発などを行なっていたイタリアのオリベッティ社の副社長アウレリオ・ペッチェイの呼びかけによって、スイスに設立された民間シンクタンクである。

そのローマクラブの報告書（一九七二年）は、一九六〇年代並みの人口増加率と経済成長率が今後も持続するとすれば、食料不足、資源の枯渇、汚染の増大などによって、地球と人類は一〇〇年（最短で五〇年）以内に「成長の限界」に達し、人口増加と工業力が制御不能な状態に陥ると警告した。言い換えれば、世界の爆発的な経済成長を牽引したアメリカ型資本主義の「成長の限界」を警告したものでもあった。

ニクソン・ショックとローマクラブの報告によって、アメリカ型資本主義は、またしても死を宣告されたわけである。

打開策としてのアメリカ型資本主義

ところが実際には、その後もアメリカ型資本主義は、縮小に向かっていくという方向には進まなかった。むしろ、報告書で言われている「成長の限界」こそが、その限界を世界にもたらしたはずのアメリカ型資本主義を、世界中に波及させていく皮肉な結果を招来した。これが、グローバル資本主義誕生の第三の契機である。行き詰まった数々の国家が、その打開策として、アメリカ型資本主義を続々と取り入れていったためである。先に、新興国時代のアメリカが、小さな政府と民間企業との間で蜜月関係を取り結んでいたことに言及した。財政難にあえぐ各国の政府には、民営化の対価を得つつ支出を削減することができるアメリカ型の「小さな政府」が救世主に見えたのである。

グローバル化の象徴となったのは、一九七九年にイギリスに誕生したマーガレット・サッチャー（一九二五〜二〇一三、首相在任一九七九〜一九九〇）政権であろう。

それまでのイギリスは、もっぱら労働党政権によって、「ゆりかごから墓場まで」といわれる福祉政策を採用していた。経済学者ジョン・メイナード・ケインズ（一八八三〜一九四六）らが提唱する有効需要の法則に根差したもので、国家による手厚い産業保護政策であった。

しかし、この福祉政策のもとでイギリスは、景気が低迷する一方で物価だけが上昇していく「スタグフレーション」に見舞われていた。ケインズ派の掲げる「フィリップス曲線」（失業率が低くなると物価が高まり、失業率が高まると物価が低下するというもの）に対して否定的な見方が強まっていた。

そこでサッチャー首相は、この福祉政策に大胆に斬り込み、「民営化」と「規制緩和」を連打した。国営だった電気、水道、ガス、通信、鉄道、航空といったインフラ事業を続々と民営化する一方で、政府によるさまざまな規制を取り払い、市場原理にすべてを委ねようとしたのである。[43] まさにアメリカ型の「小さな政府」である。サッチャー首相のこうした新自由主義的政策は、「サッチャリズム」と総称された。

イギリスの動きに刺激を受けたのか、「小さな政府」の本家であるアメリカも、この動きをいっそう先鋭化させた。一九八一年にアメリカの大統領となったロナルド・レーガン（一九一一～二〇〇四、在任一九八一～一九八九）も、同じく新自由主義的な経済政策に大きく舵を切った。

レーガンが実施した経済政策は、規制緩和や減税によって投資を促進する一方、軍事支出の増大で経済の活性化を図るものであった。貨幣供給量を操作することでスタグフレーションを抑制しようとするマネタリズム的な側面が強かった。マネタリズムとは、総需要を変化させる最大の要因は貨幣供給量にあると考える立場を指しており、政府による財政政策を重視するケインズ主義とは距離を置いた「レーガノミクス」と呼ばれる。

「レーガノミクス」の新自由主義的経済政策の理論的支柱となったのが、シカゴ学派であった。シカゴ学派の代表格であるミルトン・フリードマンは、一九六二年に初版が刊行された著書『資本主義と自由』(日経BPクラシックス)の中で、「政府に委ねるべきではない施策」を一四点、リストアップしている。[44] 例えば、国立公園や有料道路の民営化、輸入関税の撤廃などが挙げられており、各国政府の指針となっている。

サッチャー首相やレーガン大統領が取り組んだ経済政策は、このフリードマン提案の「指示書」に沿っている。そしてまた、小泉改革以降、今日に至るまでの日本の方向性を映し出してはいないだろうか。サッチャリズムもレーガノミクスも、シカゴ学派の「指示書」に従ったものであった。

世界を動かすシカゴ学派

ここで、フリードマンをはじめとするシカゴ学派についても触れておきたい。シカゴ大学は私自身の母校でもあるが、そもそもは資産家のジョン・ロックフェラーが一八九〇年に莫大な資産を投じて設立した研究大学院である。これまでに、一〇一名(二〇二五年二月現在）のノーベル賞受賞者を輩出し、内三五名は経済学賞受賞者である。[45]

私自身、シカゴ大学でゲーリー・ベッカー、ユージン・ファーマ、リチャード・セイラーといったノーベル経済学賞受賞者から直接の講義を受けた。シカゴ大学で教授を務めたのちにインド準備銀行（インド中央銀行）総裁に就任したラグラム・ラジャン（現在は再びシカゴ大学に籍を置く）をはじめ、今後もシカゴ大学はノーベル賞受賞者を輩出し続けるだろう。

シカゴ大学では、さまざまなファイナンス研究が展開されてきた。日本とは異なり、米国ではファイナンスは理論にとどまるものではなく、実務に応用されている。例えば、デリバティブ（金融派生商品）の価格付けに用いられるブラック‐ショールズ方程式は、シカゴ大学教授のフィッシャー・ブラック、マイロン・ショールズ、ロバート・マイロンによって研究・証明された理論である。債券ヘッジファンドであったロングターム・キャピタル・マネジメントがショールズらを経営陣に迎え、莫大な収益を上げることに成功している。ブラックは一九九五年に死去したが、ショールズと（ロバート・）マイロンはともに一九九七年のノーベル経済学賞を受賞している。ただし、同社は、アジア危機をきっかけに損失が拡大し、二〇〇〇年に清算した。

ほかにも、資産運用会社であるディメンショナル・ファンド・アドバイザーズは、シカゴ大学教授のユージン・ファーマらによって開発された株式の期待収益率モデルであるファーマ - フレンチモデルに基づいて運用している。同社創業者のデービッド・ブースもシカゴ大学の卒業生である。実際、同社のホームページは「学術研究の文化は設立当初よりディメンショナルの根幹をなすものです」と謳っている。[46] ファーマは二〇一三年にノーベル賞を受賞した。

シカゴ大学は、シカゴ学派と称され、しばしばボストンのハーバード大学やマサチューセッツ工科大学（ＭＩＴ）と対比される。新自由主義を奉じる前者を（内陸に位置することから）「真水派」、ケインジアンを中心とする後者を（沿海部に位置することから）「塩水派」と区別することもある。必ずしも対立するものではなく、研究者の多くは、この「真水」と「塩水」の間を転々としながら研究を進めている。かく言う私も、シカゴ大学とハーバード大学の両方で学んでいる。

例えば先述のラグラム・ラジャン（シカゴ大教授）はＭＩＴで博士号を取得しているし、二〇二三年にノーベル経済学賞を授与されたクラウディア・ゴールディン（ハーバード大教授）はシカゴ大学で博士号を取得している。

いずれにしても、シカゴ学派は、アメリカ型民主主義とそれを支える新自由主義や金融工学のセンターとして機能し、これらの教義を世界中に展開していった。

イギリスや日本などの先進国に限らず、一九七〇年代における南米のチリにも、シカゴ学派の影響を見ることができる。

一九七三年、チリでは軍事クーデターが発生し、共産主義国家の建設を目指していたアジエンデ政権が転覆され、翌年にはアウグスト・ピノチェト将軍が大統領に就任した。

ピノチェト大統領は、それまでのソ連型の福祉国家としての政策で危機的状況に陥っていたチリの財政を立て直そうと腐心していた。そのとき、参謀的な役割を果たしたのは、先述のミルトン・フリードマンだった。

フリードマンは、シカゴ大学で学ばせたチリの経済学者たち（「シカゴ・ボーイズ」と呼ばれる）をピノチェト大統領のもとで要職に就かせることで、新自由主義的経済政策を浸透させていった。この試みは、少なくとも短期的には財政再建や景気の浮揚《ふよう》を成功に導き、ボリビア、エルサルバドル、メキシコなど、他の南米諸国もフリードマン経済学に追随していった。

独裁者ピノチェト大統領に肩入れしたフリードマンはメディアから非難を浴びた[47]。しかし、その後イギリスや、当のアメリカが、新自由主義的経済政策を本格的に断行するに至ったのは、南米でのこの「成功例」があったからこそであるとも言える。

余談だが、私のシカゴ大学での友人に、ハーバードのカレッジ（学部）出身のチリ系アメリカ人がいた。彼がよく、「ハーバード大学に合格したときよりもシカゴ大学に合格したときのほうが親族から祝福された」と冗談を言っていたことを思い出す。その経済政策を巡っては賛否両論があるものの、ピノチェト政権の支持者は未だに少なくない。

先の「フリードマン提案」は、その後、スウェーデン、アルゼンチン、韓国、イタリア、インド、中国などでも続々と見られるようになった。

新自由主義依存症

日本も新自由主義の例に漏れてはいない。イギリス、アメリカに遅れたものの、二〇〇〇年代初頭の小泉純一郎内閣が行なった郵政民営化や道路公団民営化（いわゆる小泉改革）などは、典型的な新自由主義政策だといえよう。

しかし、アメリカを震源とする一連の動きは、一体誰を幸せにしたというのか。

人類学者のデヴィッド・グレーバー（一九六一〜二〇二〇）は『ブルシット・ジョブ　ク

ソどうでもいい仕事の理論』（岩波書店）において、レーガンとサッチャーの時代以降、自由市場と経済効率を至上の価値として称揚するネオリベラリズム（新自由主義）が不合理性をもたらしたことを鋭く喝破《かっぱ》している。

各国が取り入れてきた自由市場政策は、多くの国と地域で、経済成長率の著しい低下や、貧富の格差拡大、未来への悲観的な展望をもたらしたにもかかわらず、「市場イデオロギーの支持者」はその結果に対して、「まったく同じ処方箋を、よりいっそう強力に処方するよう求めることによって応えてき」た。【48】この点に、グレーバーの懐疑の目は向けられている。

シカゴ学派が提唱する新自由主義は、本来、市場の効率性を重視し、自由主義のもと、国家の機能を安全保障など最小限の範囲に留める「夜警国家」を志向するものであった。しかし、読者はお気づきのことと思うが、現代の新自由主義的政策は、むしろ国家権力の積極的な行使を前提としている。

たとえば、二〇二四年には、円安を止めるため、政府による何度もの為替介入が実施された。本来、二四時間、三六五日、世界中で取引される為替市場は、最も洗練された市場のはずである。国家による自国経済保護や政治的意図を背景とした介入は、新自由主義が本源的に志向する市場中心経済とは逆行する動きである。

こうしてみてくると、フリードマンらが志向してきた新自由主義的政策は、必ずしも本来の目的を果たしているとは言いがたい。にもかかわらず、このような歪められた新自由主義的政策は、グローバル社会に浸透している。

次の節では、いくつかの角度からその実像に迫ってみたい。

2　宗教としての資本主義

腐ったのは果実か根っこか

前節では、資本主義誕生から現代に至るまでの歴史的経緯を駆け足で辿ってきた。見えてきたのは、資本主義がいかに不安定なものであるか、ということではないだろうか。「グローバル資本主義」と言うと、あたかも普遍的なシステムであるかのような印象を受ける。しかし、「主義」という名が示す通り、これはイデオロギーのひとつの形態にすぎない。

経営管理手法、M&A、金融工学――。資本主義は、発生した危機のひとつひとつにパッチワークでもって対応してきた。これらは美しく概念化されているが、所詮はハリボテにすぎない。

おまけに、それを作り上げ、利用している当人たち自身、自分たちがいったい何を作っているのかを理解できていないという、けったいな代物になっている。

「当人たち」とは、経済学者や金融家といったプロフェッショナルだけのことではない。政治家やビジネスパーソン、そしてこの本を読んでいる貴方《あなた》も含んでいる。誰もが、資本主義の正体をつかめずにいる。

そんな得体の知れないハリボテ資本主義には、当然、多くの欠陥がある。結果、予期せぬ事故も起きるし、対処法も都度の応急処置とならざるをえない。

「市場には自浄作用がある」とはよく言われることであるが、実際に自浄作用が働いているようにはみえない。市場に問題が発生すれば、必ず政府の介入が起きる。市場が市場だけで問題解決できるわけではない。

二〇〇八年九月、サブプライム住宅ローンの危機をきっかけとして、大手投資銀行リーマン・ブラザーズが経営破綻《はたん》した。連鎖的な倒産が懸念されたものの、多くの金融機関は、「TARP（トラブル資産救済プログラム）」を通じた公的資本を得て生きながらえた。

リーマン・ブラザーズが破綻処理されたのは、CEO兼会長であるリチャード・S・ファルド・ジュニアが、当時の米財務長官であり、ゴールドマン・サックスの元会長でもあったヘンリー・ポールソンと犬猿の仲だったためだとも噂されている。

この噂は、真偽のほどはともかくとして、今でも公然と語られている。私は世界金融危機

（いわゆるリーマン・ショック）直後にシカゴ大学に入学し、金融危機の渦中において活躍した数々の経済学者や、リーマン・ブラザーズを解雇された同級生から直《じか》に話を聞いている。シカゴ大学教授に着任していたポールソンの講義を直接聞く機会にも恵まれたが、さすがにこの件について質問することはできなかった。

しかし、仮にリーマン・ブラザーズが諸悪の根源であったとしても、その破綻処理だけでよかったのであろうか。「腐った果実」を特定し、それのみを排除することでよいのだろうか。問題の本質は、「腐った果実」を実らせた「腐った根っこ」にこそあったのではないだろうか。

たとえば、世界金融危機について、当時のオバマ大統領は「今回の不況は、通常の景気循環によるものではない。ウォール街からワシントン、そしてメインストリート〔一般経済〕にまで広がった無責任と思慮浅い意思決定のパーフェクトストリーム〔想定外の大災害〕が原因である」と述べている【49】。

一方で、アメリカを代表する法学者である、シカゴ大学教授のリチャード・ポズナーによると「過ちは、低金利と規制緩和によってつくられた環境における銀行業務の構造的な原因によるものであり、詐欺師や愚か者の所業が原因ではない【50】」。

つまり、オバマ元大統領は、問題を「根っこ」である金融システムではなく、「腐った果実」である出来損ないの投資銀行の責任とみている。一方でポズナー教授は、問題は「腐った果実」を生み出した「腐った根っこ」、つまり金融システムそのものにあるとみている。

私はポズナー教授の見方が正しいと思っている。すなわち、問題はリーマン・ブラザーズなどの個別企業ではなく、金融システムのあり方そのものにあるのではないだろうか。

証券市場という賭場

ここで金融システムの根幹をなす株式に目を向けてみよう。株式それ自体は使用価値がない。株式それ自体が物やサービスを提供するわけでもない。そもそも株式の発行元である法人すら、「人」になぞらえられた、フィクショナルな存在である。

株価もまた実体がない。ファンダメンタルズ（企業ごとの業績、資産・負債などの財政状況）という一応の指標は存在するものの、市場に参加している者たちの心理的バイアスや市場環境が反映されて、株価はランダムに変動する。[51]

株式を売買する証券市場は、カジノに近い。個人からヘッジファンドまで、さまざまなプレイヤーが日々売買しているが、売却リターンを得ることが究極の目的である。そして、投資家のリターンが発行体企業に与える影響は、直接的にはほとんどない。

もちろん、ここで述べた本質に対する建前としての反論はありうる。例えば、企業の成長を支援する果実としてリターンをうけとっている、と主張する投資家がいる。しかし、少数株主が企業経営に与えられる支援は限定的であり、時に有害ですらある。真に企業経営に貢献するのであれば、バイアウトのように、株のマジョリティーを保有して、経営陣と一体化して経営にあたる必要がある。

また株価の動きは、投資家や経営陣、株主の関心事ではある。最近では物言う株主（アクティビストファンド）も増えてきた。しかし、株価が企業経営に与えている直接の影響は曖《あい》昧《まい》である。私は個人投資家からヘッジファンドマネージャーにいたるまで、何百という投資家にこの実質的な価値を問うてきたが、明快な回答を得られなかった。

なお、念のため補足しておくと、「証券市場」には「プライマリー市場」と「セカンダリー市場」がある。

「プライマリー市場」は、ＩＰＯ（新規公開株）を含め、企業が株式等を発行して資金調達を行なう場を指す概念である。「プライマリー市場」という実際の取引所があるわけではない。ただしＩＰＯの場合は、発行体企業の資金調達というよりは、上場前からの既存投資家による株式売却の側面が強い。また、銀行借入が一般化している日本においては、プライマリー市場によって資金を調達しようとするインセンティブが希薄である点にも注意が必要である。さらに、発行体企業が「プライマリー市場」で資金調達のために新株を発行すると、株主に難色を示されることも少なくない。一株当たりの株式の価格が下がる「株式の希薄化」を伴うためである。

対する「セカンダリー市場」とは、すでに流通している株式等を売買する場のことである。皆さんが「証券市場」と聞いて一般的にイメージする株式市場のことである。

先ほどの「明快な回答を得られなかった」というのは、このセカンダリー市場に関するものである。セカンダリー市場は、流通している証券の売り買いなので、当該の株式を発行している企業の財務に直接の影響を与えるものではない。

「ならばセカンダリー市場などなくてもいいのではないか」という本質的な議論が出てきても良さそうなものだが、市場プレイヤーにとって、ゲームの場がなくなることは、そもそも想定しえない。

ＭＢＯ（マネジメント・バイアウト）によって非上場化し、（経営陣・創業家以外の）株主圧力を排除する企業も増えてきている。また投資家も市場ではなく、市場外の未上場取引を選好するようになってきた。アメリカでは一九九六年から二〇一九年までの二三年間に、上場企業数が半減した【52】。

なお、MBOとは、企業の創業家や経営陣が、経営の自由度を高めるために、自社の株式の過半数を買い取ることで経営権を取得するM&Aの手法のひとつである。その際、経営陣の資金不足を補うために、投資ファンド（プライベート・エクイティ）を活用するケースも珍しくない。

上場を前提としたインセンティブの制度設計にも見逃されがちな問題がある。上場企業からスタートアップ企業にいたるまで、ストックオプションによって、従業員や役員のモチベーションを高めることも一般的になりつつある。こうした現代的な成功物語は「ボロから金持ちへ（Rags-to-riches）」とも呼ばれ、特にアメリカでは根強く支持されてきた【53】。しかし、株価が値上がりして、売却できて、はじめてストックオプションは価値をもつ。通常は取得からリターンの実現までに五年はかかる。逆にいえば、こうした一連の奇跡が起こらなければ、ストックオプションは紙屑《かみくず》となる。

また、金融リテラシーの低い経営陣や従業員では、株価がどの程度になるのか、いつ自分のストックオプションを売却できるのか、正確な見通しを立てることは難しい。付与された側としていかほどの価値なのかわからないので、「せっかくストックオプションを付与したのに、従業員のモチベーションが上がらない」と嘆く経営者も少なくない。

仮に正確な株価を予想できたとしても、ストックオプションは、「株価を上げるために経営する」といういびつなインセンティブを誘発する危険性が高い。「株価を上げるためだけに何年も働く」という奴隷や囚人のような従業員を生み出す結果ともなりかねない。

資本主義における「神」

証券市場の成功者は誰なのであろうか。

一九八七年公開のオリバー・ストーン監督による映画『ウォール街』を観るとよい。金融関係者であれば、誰もが一度は観ている映画である。マイケル・ダグラス扮する投資家ゴードン・ゲッコーは、不動産投資をきっかけに貧しい暮らしから抜け出し、成り上がった人物として描写されている。実在の投資家アイヴァン・ボウスキーがモデルとされている。[54]

"Greed is good"（強欲は善だ）という有名なセリフが出てくる。

映画の舞台は、バブル景気に沸く日本と対照的に、不況のどん底にあった八〇年代前半のニューヨークである。株式市場におけるインサイダー取引や仕手戦などを題材として、金銭欲の暴走をリアリスティックに描いたものであった。

こうした金融街の狂気を社会問題として扱った映画であるにもかかわらず、公開後、ゲッコーに憧れて投資銀行に入社する若者が後を絶たなかったと言われている。今でもアメリカで「あなたはゴードン・ゲッコーのようだね」と言えば、皮肉なニュアンスを含みながらも、成功者へのちょっとした褒め言葉となる。

資本家のジョン・ロックフェラーは、「まわりの蕾《つぼみ》は小さいうちに摘み取るべきだ。ビジネスに邪魔だからそうするのではない。自然の法則と神の法則がそうさせるのだ」[55]と述べて、自らが率いていたスタンダード・オイルの独占を神の名をつかって正当化しようとした。ロックフェラーはまた「富は神のしもべであり、富める者は神の代理人である」とも語っている。[56]

成功した資本家や経営者こそが、現代の神であり、伝道師である——ゲッコーにも通じるロックフェラーの言葉は、このような世界観を含意している。

資本家礼賛の世界観がアメリカで発展した背景には、アメリカン・ドリームに象徴される個人主義がある。身ひとつでボストンに辿りついた移民たちによって建設された国家では、誰にでも均等に成功の道が開かれているという資本主義の価値観が、うまく整合したのである。

経営者の神格化には、アメリカ特有の寄付文化も寄与している。アメリカでは、資本家や経営者が多額の寄付によって大衆の支持を集めることが珍しくない。先に述べたロックフェラーのスタンダード・オイル・トラストも、解体までには時間を要した。ロックフェラーが大衆から支持されていたことが要因としてあった。

現代でも同じである。たとえば、アメリカの名だたるビジネス・スクールに目を向けると、そのほとんどが寄付者の名前を冠している。

ペンシルベニア大学ウォートン・スクール、MITスローン・スクール、カーネギーメロン大学テッパー・スクール、シカゴ大学シカゴ・ブース……。「ウォートン」「スローン」「テッパー」「ブース」は、いずれも寄付者の名前である。たとえば、私の通ったシカゴ・ブース(Chicago Booth)の「ブース」は、デービッド・ブースにちなんだものである。ブースは二〇〇八年に、シカゴ大学に対して個人で三億ドルを寄付している。

こうしたビジネス教育への盛んな寄付が、成功した経営者や資本家、投資家らへの信奉を強固なものにしている。日本でしばしばやっかみの対象となるのとは少し違った、憧れや尊敬の眼差しである。そして信者であるＭＢＡ取得者たちが、次なる教祖たらんと必死に働き、さらに資本主義を加速させるという循環につながっている。

資本主義社会における神とは、「見えざる手」を持った抽象的な存在ではなく、「札束を持った資本家」なのである。

資本主義が宗教化する必然

そもそも資本主義は、誕生した時点である種の宗教性を帯びていた。初期資本主義の誕生は、ヨーロッパにおけるプレ近代から近代への転換期、つまり一六世紀に展開された宗教改革に端を発する。

宗教改革とは、免罪符を買えば罪が贖《あがな》われ、救済が保証されると謳っていた当時のローマ・カトリック教会に対して、マルティン・ルターが異を唱えたことに端を発する一連の社会運動である。ルター派、カルヴァン派などのプロテスタント諸派はそこから生まれた。

ドイツの社会学者マックス・ウェーバーは、プロテスタントの信徒らの間で育まれた倫理観こそが、続く一七世紀に勃興した初期資本主義を支え、資本の形成を促していったのだと看破した。

ウェーバーが一九〇五年に発表した『プロテスタンティズムの倫理と資本主義の精神』は難解なことで有名だが、その概要を軽くまとめておこう。

ローマ・カトリック教会の腐敗と権威主義を弾劾し、聖書に書かれたことを重んじようとしたプロテスタント諸派の思想のうち、結果として資本主義の発達に寄与したとウェーバーが考えているのは、ルターに由来する「天職」の観念と、カルヴァンが掲げた「予定説」である。

「天職[57]（ドイツ語ではBeruf《ベルーフ》、英語ではCalling)」は、神から与えられた使命としての職業を意味する[58]。ルターは、自らが生活している世俗社会で勤勉に仕事に励むことこそが神の意志にかなうのだと考えた。

一方、「予定説」は、死後に自分が救済されるかどうかは、神によってすでに決められているとする考え方である。しかし、人間はこの神の定めた運命を知ることはできない。人間が為《な》しうるのは、現世で与えられた職を天職とみなして、励むことだけであった。この「天職」と「予定説」の追求により、浪費は咎《とが》められ、節制が推奨されたため、結果としてカルヴァン派の人々は財を蓄えることになった。

それまでは、利潤を追求することは、ユダヤ人の高利貸しがそうであったように、「守銭奴」と呼ばれて忌避される傾向が強かった。しかし、一連の宗教改革を通じて、勤労対価として蓄財することは、神の思《おぼ》し召しとみなされるようになってきたのである。

そして、財産の余剰分を、資本として投下することが選好された。節制しつつ、資本再投下によって財産をさらに膨らませることが、よりいっそう神の意志にかなうのだとみなされるようになってきた。

プロテスタンティズムにおける禁欲こそが資本の形成を促し、資本主義の精神として浸透していった――。一言で言えば、これがウェーバーの見立てであった。

前節で、最初に本格的な株式会社と証券取引所を整えたのはオランダ、資本主義が大きく育ったのがイギリス、そして資本主義がグローバル・モデルとして成熟したのがアメリカであると述べた。オランダ・イギリス・アメリカは、いずれもプロテスタント国家である（英国国教会もプロテスタントの一派）。ウェーバーの主張を踏まえるならば、これは単なる偶然とは思えない。

日本の通俗道徳と資本主義的価値観

実は日本でも、宗教が動機となって資本主義の萌芽《ほうが》が築かれた。

寺西重郎《じゅうろう》は、その著書『日本型資本主義』で、一二世紀から一三世紀にかけて、日蓮・道元・親鸞らが興した鎌倉新仏教が、大衆の間に職業的求道主義を定着させていったこと、そこから派生した「勤勉」「正直」「倹約」という道徳意識が、江戸時代に至って日本型資本主義の基礎を形成したことを論証している。

かつての奈良仏教における救済とは、悟りによる輪廻《りんね》からの解脱《げだつ》を意味し、僧院での厳しい修行を通じてしか会得《えとく》できないものだった。鎌倉新仏教は、在家信者であっても念仏を唱えることのみで極楽往生できるとする考えなどを通じて「易行化《いぎょう》」を推し進めた。さらに、僧院ではなく日常生活で積み上げた精進や善行こそが、悟りに近づくものだとする「廻向《えこう》」の観念も重視していた。[59]

つまり、日常の職業生活をまじめに務める、という職業的求道こそが、悟りへの近道となっていった。ここに鎌倉新仏教と、一六世紀以降のプロテスタンティズムとの類似点を見出すことができるのである。そして日常の職業生活を修行とみなすこうした職業観が、江戸時代には、二宮尊徳、石田梅岩《ばいがん》らによって、「勤勉」「正直」「倹約」を何よりも尊ぶ実践的な道徳となり、大衆の間に広く流布《るふ》していくことになったと考えられる。

「勤勉」さは生産性を高めることにつながり、商いをする者同士が「正直」に向き合うことは、信用に基づく効率的な取引システムに結びついた。「倹約」が富の増大を導いたことは言うまでもない。

寺西の説に基づけば、明治維新以後、日本が短い間に欧州に比肩《ひけん》しうる経済力を身につけることができ、また第二次世界大戦後には世界第二位の経済大国にまで登り詰めることができた背景には、文明開化以前に、資本主義的な価値観の下地があったためである。

もちろん、同じ資本主義とはいっても、欧米型――特にアメリカ型資本主義と日本型のそれとでは、随所に違いもある。先にも述べたように、日本では、商売を卑しいものとする儒教に傾倒していたため、欧米のようには資本主義が発展しなかった。

しかし、宗教的な背景が大きく異なっている国の間で、同時期に、結果として相似した現象が起きていた点は興味深い。

禁欲と蒐集の逆説的なつながり

いずれにせよ、禁欲こそが資本家を生み出したというウェーバーの捉え方は、一見して逆説的である。前節で紹介したゾンバルトが、名声欲や恋愛欲、奢侈欲など、欲求の解放に着目して資本主義を論じたこととは対照的である[60]。

ただし、ウェーバーとゾンバルトの見立ては必ずしも矛盾しているとはいえない。社会学者の大澤真幸《まさち》は、奢侈とも結びつく「蒐集」への欲求は、「禁欲」とは必ずしも矛盾するものではなく、「むしろ禁欲と蒐集との逆説的なつながりこそ、資本主義の本質」であると指摘している[61]。

またウェーバー自身、プロテスタンティズム的な禁欲の精神が資本主義を支えていたのは、あくまで初期資本主義の形成期の話に限っている。この禁欲主義が現代の資本主義にも通底している、とまでは明言していない。

実際に、二〇世紀にもなると、機械や動力に依存する工場生産に基礎づけられた近代的経済秩序がもはや所与のシステムとして機能していった。その中で資本主義は、宗教に支えられた禁欲的な精神とは無関係に、「鉄の檻」として人々を管理し、支配するようになっていったとみることもできるのである。

性愛と資本主義

ここで、人間本性の観点からも資本主義を探っておきたい。

人間は、衣食住をいかにまっとうするかという物的な課題と、他者との関係性をいかに紡ぐかという精神的な課題の両方に直面した存在である。自己の物心はきれいに二分されるものではなく、むしろ究極的には、他者との関係において、物的な生存本能と、精神的な快楽が交差する性愛の世界に行き着く。この意味で人間は、誕生以来、何も進化していない。実際、古代詩から現代音楽に至るまで、一貫して性愛がテーマとなっていることも、人間は、他者によってしか自己が満たされない不安定な存在であることの様々な表象にすぎない。

ここに、神が必要とされてきた理由をみることもできる。元来、神とは、絶対的な他者にして、人間の不安定さに規律をもたらし、安寧《あんねい》を与えるものとして位置づけられてきた。この意味では、神が自らの似姿として人類を創造したのではなく、人類が自らの必要性から神を要請した、と見ることも可能である。そして宗教改革とは、この神と人間の関係の再構築を意図したものとして解釈しうる。

宗教改革が起こるまでのカトリックは、たしかに、贖罪《しょくざい》を通じて秩序立てた世界を構築しようとしてきた。

しかし、教会制度の腐敗とともに、カトリック教会が押しつけてきた贖罪意識や人間らしさの否定は、人々にとって耐えがたいものとなっていた。印刷技術の革進によって、翻訳された聖書が市中に出回り、教会を介さずとも聖書と向き合えるようになったことも、この矛盾の顕在化を後押ししていた。

我々が信じてきた神とは、本当にこのような存在なのだろうか——そんな人間解放への叫び声こそが、宗教改革にほかならなかったのではないだろうか。

宗教改革は、いくつかの点では問題を解決に導いた。教皇を頂点とするローマ・カトリック教会の強固なヒエラルキー構造に楔を打ち込み、プロテスタント（「反抗者」を意味する）として、一定の自由をもたらした。その狭間から資本主義が生まれ、ブルジョワという新興階級が創出されることで、市場での取引と富の蓄積がさかんになり、絶対権力者からの分配に取って代わっていった。

プロテスタンティズムは、禁欲を表向きの価値観としつつも、蓄財行為を積極的に支持した。その結果、かつては「守銭奴」として忌み嫌われていた、カネそのものを取引する金融業者も、改革を通じてある種の市民権を得ることができた。ここに、資本主義社会の大きなターニングポイントがあった。

前節で述べたとおり、階級を飛び越える恋愛が実現したのも、その恩恵のひとつであった。しかし、宗教改革が人間解放を目指したものであったならばこそ、その本来の目的はいったいどこまで果たされたのだろうか。人間は本当に宗教改革によって安寧を得たのであろうか。

前述の映画『ウォール街』では、投資家ゴードン・ゲッコーが“Better than sex”と発言する。投資による利益は性愛より強い快感をもたらすという意味である。現代においてさえ、性愛と金銭リターンへの欲望が、人間の行動の原動力として同じ位相に置かれている。

もしプロテスタンティズムの先取性が人類に「人間らしさ」を取りもどすことであったとすれば、資本主義の本質は、『ウォール街』のセリフにみられるように、人間本来の性愛の世界に立ち戻っただけだとも考えうる。

資本主義という名の「幽霊」の正体は、人間自身が創り上げた、人の似姿としての「神」にほかならず、今もなおその「神」の姿をめぐって人類は苦しんでいるのかもしれない。

「神」はどこへ消えたのか

神を探す混迷は、現代へと続いている。より多くの富を、よりよい地位を求める資本主義の精神自体が、どこかに神を求める姿勢と通底しているとも言えるのではないだろうか。

資本主義は、「坂の上の雲」のようなものである。「坂の上の雲」――つまり、「未来にはきっとこんな生活が待っているにちがいない」と思って必死に働いたとしても、坂の上の雲は延々と続いていく。そこで待ちうけているのは、稼いでも稼いでも満たされない渇望感でしかない。

そして資本主義におけるこの渇望感が、人々を常に駆り立てている。たとえば、「人類の課題を根本的に解決する（かもしれない）」といった技術が発表されると、人々は色めき立ち、株価は高騰する。ビッグデータに、ナノ・テクノロジー。このような我々を別の世界に連れていってくれるかもしれない企業や技術に、我々は一種の「坂の上の雲」をみるのである。現代のＩＴビジネスで、「クラウド」「アップル」「ウィンドウズ」など、キリスト教を想起させる用語が多用されることも、決して偶然ではないと私は思う。

しかし、「坂の上の雲」は所詮「坂の上の雲」に他ならない。先端技術を駆使しても、人間存在の不安定性や不合理性を根本的に解消する神は見つからない。それでも人は、「神」を求める。だからこそ、「ホモ・デウス（ユヴァル・ノア・ハラリが提唱する、『不死・至福・神性』を目指す人類の新たなステージ）」を予見させる何かに、我々は心を奪われてしまうのである。

金儲け依存症

資本主義という「坂の上の雲」はまた、欲しいものをどれだけ手に入れても心が満たされないという依存症に似た症状を引き起こしてしまう。

通勤電車で、スマホ片手に株価チャートをしきりと見ている人をよく見かける。その表情にはどことなく、中毒症状を感じさせるような人も少なくない。株価というフィクショナルな記号に反射している無表情な横顔である。

次に掲げるギャンブル依存症の特徴に目を通すと、株式中毒と驚くほど共通点が多いことに気づくであろう【62】。

1　負けを取り戻す（負け追い）
2　より強い興奮を味わう
3　イライラ・ゆううつ感を解消する

4　賭けていると落ち着く
5　ギャンブルに関することが頭を離れない
6　上手に加減できない
7　ギャンブル関連の嘘
8　大切な人間関係の危機
9　ギャンブルを原因とした借金

「ギャンブル」の部分を、金融投資と置き換えると、そのまま当てはめられそうではないだろうか。実際、投資をめぐる家族や友人との人間関係トラブルは後を絶たない。
そもそも、「お金持ちになりたい」という欲求の正体は何なのか――。
マッサージチェーンの「りらくる」を外資系ファンドに売却して一攫千金を実現させた竹之内教博《たけのうちゆきひろ》も、自らの実体験を明かした著作『無名の男がたった7年で270億円手に入れた物語』(扶桑社)の中で、「私はいつしか『お金持ちになりたい』『偉くなりたい』と思うようになっていました」と綴っている。[63]
当然のことながら、そもそも「お金持ちになりたい」という欲求がなければ、お金持ちになることは難しい。しかし、「お金持ちになりたい」という欲求自体、ある種の強迫性の精神病をもたらしうる。

精神科医の中井久夫は、『分裂病と人類』（東京大学出版会）において、二宮尊徳など、多くの「成功者」が、家の「立て直し」に重きを置く「執着気質者」ではなかったかと述べている。つまり、成功の動機が新しい何かを実現したいという「建設の倫理」ではなく、以前の状況に戻したいという「復興の倫理」であったということを指摘している。二宮尊徳の例であれば、自ら新しい農業の形を築こうとしたわけではなく、二宮家代々の土地を取り返すことが動機であった。

現代人も、なにかやりたい目的があるからその手段として金持ちになることを目指すというより、ただ金持ちである状態になりたいという強迫観念に追い立てられているケースが多いのではないだろうか。

ここで思い出してほしいのは、先に触れた寺西重郎の指摘である。江戸時代に庶民に浸透していた、「勤勉」「正直」「倹約」を重んずる通俗道徳が、日本における資本主義の基礎を築いたというのが寺西の見立てだが、鎌倉新仏教に由来するそうした道徳観を広めたのは、まさに二宮尊徳や石田梅岩であった。

その通俗道徳は、寺西によれば、「仏教の易行化によって生まれた求道主義に基づく道徳律を、当時の唯一の整合的な学問体系であり、思想家たちが主として学んだ学問である儒学の用語と概念を用いて表現したもの」である。[64]

こうした求道主義は日本人に特徴的なものであり、現代でもさまざまな局面に見出すことができる。たとえば野球を、武道・芸道と同じく「球道」と呼ぶことがあるように、西洋由来のスポーツや娯楽が、日本では技術と倫理の追求を意味する「○○道」に変質することが多い。

「道を極める」といえば、読者の方は肯定的なイメージを持たれるかもしれない。しかし、「道」の追求は裏を返せば、なにか特定のものに執着し、しゃにむに追い求めるパラノイアックなありようである。二宮尊徳自身が、なにかに執着する気質を持つという意味で偏執的な傾向を持っていたのだとしたら、二宮的な求道主義を支えとして発展した日本の資本主義そのものが、精神病的な一面を持っているということになるのではないだろうか。

「営利機械」と化した人間

このような「精神病としての金儲け」という現象は、実は日本に限った話ではない。

前述のマックス・ウェーバーが捉えた初期資本主義の精神を思い起こしてほしい。カルヴァン派の唱える「予定説」に脅かされたプロテスタントの信徒らは、死後に自らが救済されることの確証を欲し、現世において神の栄光を高めるべく、禁欲的に蓄財に勤しんだのである。

寺西は、この西洋のプロテスタンティズムについて「(人々は）世俗の生活において禁欲的に生活を営むこと、さらには自らを資本主義の『営利機械』へと変身することへのインセンティブを与えられたのである」[65]と表現している。

このがむしゃらな姿勢は、まさに「執着」の二文字で表すのにふさわしい。日本にせよ、西洋にせよ、富を得ようとする欲求の根底にあるのは、執着にほかならない。そして、資本主義社会における蓄財のための行動は、投資も含め、容易にギャンブルに変質し、それに依存する人々を生み出してしまう危険を孕《はら》んでいる。

一見、立派に見える資本主義システムは、実はつぎはぎだらけであり、人間の強迫的なメンタリティに支えられている。

資本主義は、当初から宗教的な禁欲の精神と分かちがたく結びあわされていたが、諸宗教と違って、特定の教祖や経典から出発したわけではない。偶然の産物であるがゆえに、依拠すべき原理原則に乏しい。

加えて、手に入れても手に入れても満たされないという人間の不合理な飢餓感や渇望感がそこにからみつき、精神疾患にも似た執着が経済活動を下支えしている。宗教に似ているとは言っても、現代では崇めるべき神が存在しない分、個人にいっそうの解釈の幅と救済なき苦痛を強いるものとなっているのかもしれない。そして、我々は未だに神を追い求めている。

かくのごとく現代の資本主義は、完璧さとは縁遠いものである。このことに人々が痛みを伴ってようやく気づきつつあるのが、現在の状況なのではないか。

しかし、現実社会に生きる読者にとって必要なのは、「ではどうすればいいのか」という対処方法であろう。資本主義の問題を冷静に考察した本章の論旨を踏まえた上で、現実的な処方箋を、続く章で示していきたい。

第2章　キャリアアップという幻想

＊

現代社会でのサバイバルというと、多くの人がまず「キャリアアップ」を思い浮かべる。しかし、「キャリアアップ」とは一体全体、何を意味するのだろうか。聞こえのよい言葉であるがために、かえって定義がぼやけてしまっている。[1]

この章では、「キャリアアップ」の含意を読み解くことで、一人一人が本当に進むべき道の足がかりを示したい。

議論の前段として、キャリアアップという概念が前提とする二つの「信仰」を示しておきたい。

この二つの「信仰」とは、「努力教」と「一攫《いっかく》千金教」である。ともに私の造語だが、この二つの信仰が日本人のキャリア観を歪めている気がしてならない。

「努力教」とは、勤勉の結果、社会的・経済的な成功が獲得できるとする信仰である。銅像にもなっている二宮尊徳は、その象徴、あるいは教祖である。第1章で述べた通り、「勤勉」

「正直」「倹約」を旨とする通俗道徳が、江戸時代から日本に根づいていた。そして日本では永らく、こつこつと努力を積み上げる人こそが模範的な学生や社員だとされてきた。

太平洋戦争開戦時の首相であった東条英機《とうじょうひでき》の座右の銘が「努力即権威」であったことは象徴的である。戦時下のリーダーという、実力が最も重要視される地位ですら、努力による「キャリアアップ」の到達点であった。

もう一方の「一攫千金教」とは、なりふり構わず金持ちになることを目指そうとする信仰である。起業、投資、投機。金になるのであれば何でも構わないし、モラルもさして問題にならない。一獲千金を尊ぶ信仰のことである。

「努力」と「一攫千金」は相反するようにも聞こえるかもしれないが、実際には両立しうる。一攫千金を狙うために、起業や出世、そして投資に努める人は大勢いる。むしろ、これから述べるように、新自由主義社会は「努力」と「一攫千金」の両立を積極的に推進してすらいる。

かつて日本は、投資によって利益を得ることを投機として忌み嫌う風潮があった。しかし、二一世紀初頭の小泉改革を転換点として、潮目が変わった。新自由主義が台頭し、起業家や投資家が礼賛される風潮がみられはじめた。二〇二四年の新ＮＩＳＡは、老若男女、誰もが投資家となる世の中を推奨しているようにみえる。各自が努力して金銭を得ることを前提としている。そして、結果は自己責任である。

もちろん「努力教」と「一攫千金教」では、異なる点もある。それは、所得の増やし方である。「努力教」に重きを置く人は、給料・賃金などの勤労所得を増やすことを指向する。一方で「一攫千金教」は、不労所得に目を向ける。

この相違に着目しながら、「キャリアアップ」にどれだけの現実性があるのかを検証していきたい。

１　奴隷と企業人

キャリアアップは現代の「アヘン」

最近、自らを「奴隷づとめ」と自虐する企業人もいるが、実際はどうであろうか。東洋経済オンライン編集長、ＮｅｗｓＰｉｃｋｓ編集長などを経て、ＰＩＶＯＴを起業した佐々木紀彦は「サラリーマンも別種のアヘンです。いつの間にやら、心身に忍び込むのがアヘンの怖いところです」[2]と述べた。「中毒になる前にアヘンを断たなければならない。（中略）世の中にインパクトがあることを成し遂げるためにも、サラリーマンを卒業しよう」と決意し、一八年のサラリーマン生活に見切りをつけたという。[3]

佐々木によれば、年齢の上昇とともに給料も地位も上がっていき、周囲も忖度《そんたく》してくれるようになり、家族も安心してくれる。この意味での中毒性が、企業人にはあるという。

三菱商事からキャリアをスタートさせた実業家の黄皓《こうこう》も、インタビューに答えて同種の発言をしている。黄は、人気恋愛リアリティーショーに出演したことでも知られている。「モテそう、高収入、つぶしがきく」という理由から三菱商事を選んだという黄。しかし、入社後、内向きの社風に違和感を抱いたという。

> 商社って社員をぬるま湯に浸からせるのが上手なんです。不満を生み出さない程度に負荷をかけて、条件を良くして心地よい環境を作る。忙しいから会社にコミットするし、商社の看板を背負っているプライドを持たせることもできる。だから会社へのロイヤルティーは基本高い。それが商社の人事マネジメントだと僕は思っていて。外に目を向けさせないのが会社側の考え方ですよね。[4]（傍線は引用者による）

しかし一歩外に出てみれば、「〔会社員の〕たかだか1500万円の年収なんて自分で事業やってる人からしたら『鼻毛』みたいなもん」と考えるようになったという。商社に限らず、この「鼻毛」の現実から目をそむけさせ、社員に快適感情を提供する「アヘン」が、日本の大企業のよくできた仕組みである。

日本郵船の社員を経て婿養子先の松井証券を引き継いだ松井道夫も、うまいセリフを残している。曰く、「サラリーマンの時は、不安はなかったが、不満はあった。独立すると、不満はないが、不安はある」と。[5]

すなわち、大手企業の勤め人は、収入や地位も含めて一定の身分は常に保証されているから、体裁がよくて居心地もよく、松井流に言えば「不安はない」。しかし一方で、自己実現の場は、あくまで企業内での地位や、勤め人の給与水準の枠内に限定されている。不満を抱こうと思えば、その余地はいくらでもあるということを示唆している。

黄は、その後、個人起業も経験してから、「合コンでこれみよがしに名刺渡し」たりしている会社員――すなわちかつての自分自身を、「ダサかった」と思うようになったという。[6]

従業員からの搾取

ここで考えたいのは、なぜ世の中の主流の働き方が「ダサい」ものになっているのか、ということであろう。

ここにも、資本主義の原理原則が関係している。勤め人の立場で意識することはあまりないのだが、資本主義における企業の唯一無二の目的は、方法はどうであれ、「利益を最大化すること」である。このため、企業側としては、「従業員からどれだけ多く搾取できるか」という視点が、無自覚的にせよ働いている。すなわち、より少ない賃金で、より高い生産性を実現させることは、企業にとっては至上命題である。

このため勤め人の側からみれば、「貢献の大きさ」、つまり「それぞれが社にもたらしている利益」において、その従業員の給与が高い水準に達することは、むしろ稀なのである。だから松井の言うように、不満が延々と蓄積することは当たり前なのである。

しかし、この不都合な真実を、勤め人に対して会社がストレートに伝えることはまずない。勤め人が認識した瞬間に、モチベーションが下がるためである。企業としては、本音を隠しつつ、不満を解消したい。そのために巧妙な仕組みを用意することになる。

その最たるものは、「企業フィロソフィー」という美辞麗句である。「大事なのは金じゃない」として報酬を抑えつつ、勤勉に労働することの大切さを従業員に叩き込んで生産性をあげていくのである。これを「従業員教育」と呼ぶのか、「理念浸透」と呼ぶのか、「洗脳」と呼ぶのかは、人によって解釈が分かれるところだろうが、名経営者と言われる人たちは、例外なく「企業フィロソフィー」を浸透させることに長けている。

斎藤貴男《たかお》の著書『カルト資本主義』（ちくま文庫）から、稲盛和夫の人物評を見てみよう。

精神世界に深く入り込み、あるいは使い捨て文明を批判して、〝愛〟や〝共生〟を声高に叫ぶ稲盛だが、外の社会から見た京セラ・DDIグループの企業活動のベクトルの角度は、普通の大企業と寸分変わらない。生産性が高い分だけ、企業の論理の徹底ぶりは、むしろ凄まじい。だからこそ稲盛は、わが国企業社会において躍進を続けてくることができた。[7]（傍線は引用者による）

また、国友隆一《くにともりゅういち》も、『稲盛和夫語録にみる京セラ　過激なる成功の秘密』（こう書房）で、京セラにおける従業員の勤務実態について、「長時間の拘束はまったくない。しかし自発的に夜更けまで働くことは、各人の燃える情熱の表現だ」と皮肉まじりに表現している。[8]

伊藤忠商事の会長や日本郵政の取締役などを歴任した丹羽宇一郎《にわういちろう》も、「汗出せ、知恵出せ、もっと働け！」という名言を残している。[9] 私自身も、若き商社マン時代はこの名言に鼓舞《こぶ》されてよく徹夜したものだった。しかし、今にして思えば、単に「（給料は変わらないけど）もっと働け」という経営者視点の美辞麗句に聞こえなくもない。

また、企業は個々人の生産性と給与の関係をわかりづらくしようともする。たとえば、報酬はそれほど高くなくても、福利厚生的なベネフィットが充実している会社は少なくない。オフィスの中に無料のカフェやレストランを設けたり、タクシー利用や接待費について寛大な企業もある。

こうした経費は、日々恩恵を享受できるため、従業員の満足度は高くなる。企業側からすると、経費を損金計上できるという意味で節税にもなるため、給与水準を引き上げるより安上がりになることが多い。人間は、給与明細の数字が少し上がるよりは、毎日タクシーを利用できることや飲食の負担を減らせる直接的体験を肯定的に評価しがちである。

自分たちが搾取されているという事実を、いかにして従業員たちに悟らせないか──。「使う側」のそうした発想や心理を本音ベースで述べる経営者も学者もあまり見た覚えがない。しかし、この不都合な真実を正面から見据えない限り、資本主義社会の搾取構造は見えてこない。

ビジネスモデルの意図的なわかりづらさ

資本主義による搾取は、労働者のみならず、商品を購入する消費者にも向けられている。

企業はあの手この手で価格を上乗せして、消費者に少しでも多く払わせようとする。

そのために、世の中で成功しているビジネスモデルの多くは、価格構造を意図的にわかりにくくすることで成り立っている。

先日、私が携帯電話を買いに行ったときも、店員の説明する価格の仕組みがとにかくわかりにくくて往生した。頭が混乱しているさなかに、「今なら数万円分のポイントを還元しますよ」などと言われると、ついつい、「あ、それはお得だな」と思ってしまう。

ところがその後、いったん店を出て、説明された価格体系を、ノートにすべて書き出して計算してみたところ、ものすごく割高な商品を買わされそうになっていることがわかった。

そこでもう一度店に戻って店員に計算式を示してみたところ、店員は非常にばつの悪そうな顔をしつつも、私への説得を諦めていた。

私は職業柄、ノートとペンを持ち歩いて真偽をたしかめる癖がついているが、一般にはそういう人の方が珍しいだろう。これでは、普通の人も簡単に情報弱者に仕立て上げられてしまう。あるいは、サブスクリプションの幽霊会員のように、支払いの認識すらないまま支払いを続けていることもよくある。

ただし、こうしたビジネスを一概に糾弾するつもりはない。資本主義が利益のあくなき追求を要求するものである以上、一円でも多くの金額を顧客に払わせることは、労働搾取同様に、企業の至上命題である。そのため、サブスクリプションや複雑な価格体系はビジネスモデルとしてはひとつの理想的な姿ですらある。

ビジネスというのは、結局のところ、何を売ろうが、どんな売り方をしようが、利益を最大化することこそが重要である。たとえば砂糖と油まみれのスナック菓子や、中毒症状を引き起こすスマホアプリ、あるいは「エコ」を謳った割高な雑貨が、本当に人類の役に立っているのかどうかは怪しいものだが、利益をしっかりと上げている以上、資本主義の観点からみれば、「立派なビジネス」ということになる。

SDGsをまともに信じてはいけない

資本主義は必ず利潤を必要とする。利潤獲得の手段は、人件費を中心としたコストを下げることや、価格を見直すことだけでなく、人為的に需要を喚起することも有効である。

マクロレベルでの需要喚起は、法改正を伴うことが少なくない。たとえば、二〇二四年から拡大されたＮＩＳＡ（少額投資非課税制度）を考えるとわかりやすい。ＮＩＳＡがどのような意図で作り上げられたのかはわからないが、政府や金融機関による盛んなメディアキャンペーンを伴って導入されたことは事実である。この制度が、個人投資家にどの程度の恩恵をもたらしうるのかについては意見が分かれるところであろうが、結果として、金融機関の手数料収入や上場企業の株価増進に貢献していることは間違いないであろう。我々のタンスや銀行に眠っていたお金の一部は、新たな需要喚起によって金融機関の手数料として徴収され、株価上昇を通じて上場企業や機関投資家の懐《ふところ》を潤したことになる。

同じ意味において、定期的に湧き出てくる企業の社会貢献活動施策も、需要喚起の側面が強い。ＳＤＧｓを考えてみよう。「持続可能な成長」という、いかにも折衷的な、中途半端な印象が拭えない。本来、少しでも多くの利潤を獲得するのが企業倫理であるなら、こうした社会貢献活動はその足枷《あしかせ》にしかならないはずである。にもかかわらず多くの企業が積極的に取り組むのには、企業に何かしらのメリットが伴っているはずである。

企業側のメリットのひとつとしては、イメージ向上であろう。資本主義を貫いている限り、企業活動には強欲な側面が必ずあるが、かといってこの強欲さを露骨に見せることは得策ではない。常日頃から社会貢献活動を積極的にアピールしていれば、強欲なイメージを中和することができると同時に、消費者からの支持を得ることさえもできるはずである。

もうひとつの企業メリットは、社会貢献活動それ自体が、直接的に利潤をもたらす場合があることである。レジ袋の削減と、エコバッグの流行を例に取ってみればわかりやすい。レジ袋をやめることは、当然、企業にとっては実質的なコスト削減をもたらし、さらにはエコバッグの購入需要を新たに生み出しもする。エコバッグのような、たいしたデザイン性もない布製品それ自体にいかほどの魅力があるのかは疑問だが、「エコ」という免罪符のおかげで、消費者の間に瞬《また》く間に定着していった。

レジ袋からエコバッグへのこのシフトが、実際にどれだけ環境保護に寄与しているのかは疑問も残る。エコバッグを使用するのとレジ袋を使用するのとで、どちらがエコロジーにより配慮していることになるのか、簡単には結論づけられない。

レジ袋は大きさや規格が統一されているため、同じものを量産していけばいいだけの話だが、耐久性を売りにするエコバッグは、ひとつひとつ個別に設計し、ゼロから作り上げていかなければならない。その分、環境コストも余分にかかっているはずだ。

また、一般には、同じエコバッグを三年間使えば、レジ袋よりも環境コストが低くなると言われているが、同じエコバッグを三年間も使いつづける人がどれだけいるだろうか。

斎藤幸平《こうへい》は、宗教を「大衆のアヘン」と呼んだマルクスにあやかって、「ＳＤＧｓはまさに現代版『大衆のアヘン』である」と述べている。マイボトルやエコバッグの流行に関しても鋭く切り込んでいる興味深い見方である。

良心の呵責《かしやく》から逃れ、現実の危機から目を背けることを許す「免罪符」として機能する消費行動は、資本の側が環境配慮を装って私たちを欺くグリーン・ウォッシュにいとも簡単に取り込まれてしまう。[10]

私は現在アメリカに住んでいるが、日本ほどにはSDGsの標語をみる機会がない。かつてCSR（Corporate Social Responsibility、企業の社会的責任）や社会起業家（Social Entrepreneurship）といった概念が流行となったが、現在ではほとんどきくことはない。SDGsも、きっとそのような流行語として忘れ去られるであろう。しかしまた、似たような新たな流行が現れ、便乗して利益を得ようとする企業が出現し、一般消費者が踊らされる未来が来るであろうことは想像に難くない。我々にできることは、自らの頭で考え判断することだけである。

「努力教」信者を生み出す学校教育

ここまでみてきたように、我々は自分の頭で考えていかなければ、労働者としても、消費者としても、容易に資本主義の搾取構造に取り込まれてしまう。

大澤真幸は、『〈世界史〉の哲学』（講談社）において、アメリカの黒人奴隷を引きあいに出して「近代の資本主義こそが奴隷制を要請した」と述べている。そして、「奴隷制」をさらに洗練したものが「賃労働」である。[11]

賃労働と奴隷労働の違いは、労働者に選択の自由があるかないかという点にある。労働者は、嫌であれば職を変えることができる。労働力を提供しているのであって、労働者としての自らの肉体そのものを提供しているわけではない――このように現代の奴隷制は、労働者が自らの選択によって主体的に労働していると思わせている。

日本ではさらにこの束縛が厳しい。現代の「奴隷」たちのメンタリティを支えているこの主体性がゆえに、労働者はかえって己の労働から離れられない。「努力教」を信奉するがあまり、まじめにコツコツと働き、努力を積んでいけば、いずれはキャリアも上がって、それまでの苦労が報われるはずだという信仰が、労働者の忍耐の源となっている。

特に日本では昔から「勤勉」が尊ばれている。これは前述の通り、鎌倉新仏教が、江戸において通俗道徳として昇華したものである。

　さらに明治期になって実業家として成功し、「日本の資本主義の父」と呼ばれることになった渋沢栄一が『論語と算盤』（角川ソフィア文庫）で説いたのは、儒教的価値観と資本主義が両立しうるということだった。「働く」という日本語を、「傍《はた》を楽にする」と解釈する見方も、労働が利他的であるという道徳観をさらに強化している。

　努力を何よりも大事な徳目とみなす価値観が、日本人にこれほどまでに広く深く根づいているのはなぜなのだろうか。教育が果たしている役割は小さくないと私は考える。教育が「努力教」を布教し、悪く言えば人々を洗脳してきたのではないだろうか。

　そもそも、今日の義務教育制度が確立したのは意外と最近のことで、近代資本主義の成立と同時期である。[12]日本における学制公布は、葵から菊の時代となったばかりの一八七二年のことであった。

　日本の学制交付と同時に発せられた、「学事奨励に関する被仰出書《おおせいだされしょ》」[13]が興味深い。現代語にしてみると「人はその才能のあるところに応じて勉め励んで学問に従事し、そうして初めて自分の生活を整え、資産をつくり、事業を盛んにすることができるであろう。そうであるから、学問は立身のための資本ともいうべきものであって、人たるものは、誰が学問をしないでよいということがあろうか」[14]となる。

すなわち、学問に励むことこそが、その後の人生を豊かにすると述べているのである。

さらに、「今から以後、一般の人民（華族・士族・卒族・農民・職人・商人及び女性や子ども）は、必ず村に学ばない家が一軒もなく、家には学ばない人が一人もいないようにしようとするのである」[14]として、学問に従事する機会は、身分の違いや性別に関係なく開かれたものであることとしている。

もちろん現実には、ことに女子の教育をめぐっては、教育機会の均等を妨げるさまざまな障害がたちはだかる。しかし、日本の義務教育が、その誕生の瞬間から、勤勉に学ぶことを自己実現の手段と位置づけていたことは注目に値する。まさに「努力教」の誕生ではないだろうか。


ただし勤勉は、日本人だけに特徴的なものではない。

たとえば、アメリカで最も尊敬されている実業家・政治家のベンジャミン・フランクリンは、印刷業の丁稚《でっち》から身を立てて政財界のトップまで登り詰めた人物である。彼が残した言葉として有名な「一三の徳目」のひとつがまさに「勤勉」である（金言として知られる「時は金なり」は、この徳目の精神を謳ったもの)[15]。

「二三の徳目」には「誠実」や「節約」も含まれている。「勤勉」「誠実」「節約」と並べれば、二宮尊徳や石田梅岩が謳った道徳律である「勤勉」「正直」「倹約」とぴたりと符合する。

東大受験失敗が人生最大の汚点となる社会

ただし、注意が必要なのは、こうした努力が目指す先、つまり自己実現の内容である。日本人の言う「自己実現」とは、あくまで組織の内部において出世することしか意味していない可能性がある。

例えば、私の親戚の一人は陸軍幼年学校を出て、大手電機メーカーで常務を務めた。つまり軍組織とビジネスの双方に通暁《つうぎょう》している。彼がその著書[16]で「幼年学校が生んだのはリーダーではなく、軍事官僚だった」との趣旨を述べていたことは印象的であった。幼年学校は陸軍のエリート教育機関である。現地の指揮官も作戦参謀も皆、官僚として育成されていたのである。

官僚組織だけでなく民間組織においても、日本の教育機関が生み出すエリートとは、実は優秀な官僚人材にすぎない。真のリーダー——たとえば経営者——を育むような教育ではない。

　教育をめぐる保護者の意識も、なんら変化していない。保護者は、幼児教育、英語教育、プログラミング教育と、子どもの教育に異常なまでのこだわりを示す。冷静に考えれば、こうした教育が万人に必要なわけでもなければ、適性があるわけでもない。この背景にあるのもまた、「努力して勉強すれば、いい学校に入ることができ、いい学校を卒業すれば社会で活躍できる」という「努力教」の心的態度にほかならないのではないだろうか。

　しかし、冷静に考えれば、学歴と人生の成果との間に、単純な因果律が成立するはずはない。故・田中角栄元首相の例を挙げるまでもなく、低学歴の政治家が東大卒の高級官僚の上に立つようなケースも少なくない。

　また、受験に血道《ちみち》を上げることで、挫折体験から不要なコンプレックスを抱えることになり、かえって不幸になるような場合もあるだろう。有名進学校卒で、東大受験失敗を人生最大の汚点だと考え、高齢になるまでその劣等感を引きずっている人は、政治家や経営者といった、いわゆる「一流」とされる人たちにも少なくない。それどころか最近では、出身中学や高校にすらコンプレックスをもっている人もいる。

最大多数を幸福に導きうる制度ではないにもかかわらず、多額のカネや時間といった資源が受験に集中的に投下されつづけている教育制度は、国家全体として健全だと言えるのであろうか。

『アルプスの少女ハイジ』に登場する少女クララを想起すればわかるが、ある時代まで、貴族や資産家の子女は学校に通う必要がなかった。もちろん、クララの場合は、足が不自由で車椅子が欠かせない生活であることも理由のひとつだが、彼女はフランクフルトの資産家ゼーゼマン家の令嬢であった。

近代に至るまでは、高等教育とは、特権階級に対して高額で雇われた家庭教師が行なうものであった。起元前のローマ帝国においても、皇帝には優秀な家庭教師（たいていはギリシャ人）がついていた。ネロの家庭教師セネカなどが有名である。

逆に言えば、学校での集団教育とは、元々はマンツーマンで家庭教師を雇う経済的余裕がない階級を対象としたものだった。学校教育が、本源的には、労働階級に向けて生み出されたこと、働き手の養成を目的としていたことは注目に値するであろう。

このため、先に述べたように、近代資本主義と学校制度の確立が同時期であったことは偶然ではない。明治の学校教育こそが、「勤勉に努力しなければならない」という努力教的な価値観を無限に拡散し、浸透させていったのである。

「勝ち組」は本当に勝ち組なのか

もちろん、「努力教」のすべてが悪いと言うつもりはない。地道に努力を積み上げ、会社組織の中でしかるべき地位を確保することで、うまくすれば数千万円程度の年収が得られるかもしれない。経営者として大きな会社をマネジメントすることも、それ自体が悪いわけではない。

たとえば、リクルートや三菱商事のような会社をゼロから立ち上げることは難しいが、こうした企業の経営者になることは現実的に可能である。リクルートや三菱商事のような巨大企業を経営する醍醐味は、大企業でなければ味わえないのではないだろうか。そして世間一般では、こうした組織内の地位を手に入れた人物を「勝ち組」と呼ぶ。

しかし、こうした「勝ち組」は、実際に本当に勝ち組なのだろうか。「勝ち組」のイメージとは、「努力教」のつくりだした宣伝手法にすぎないのではないだろうか。

そもそも、「所得を上げたい」「経営者になりたい」という欲求は、必ずしも人間に根源的に備わっているものではない。時代がつくりあげる価値観に大きく左右される。

渋沢栄一の『論語と算盤』をみてみよう。

> わたしは十七歳のとき、武士になりたいという志を立てた。というのは、その頃の実業家は、百姓とともに賤（いや）しいとされ、世の中から人間以下の扱いを受けて、歯牙《しが》にもかけられない有様だったからだ。[17]（傍線は引用者による）

幕末から明治にかけての時代には、金儲けそのものを蔑視するような風潮があった。やがて実業家の社会的地位は上昇していくが、今日の「サラリーマン」は、戦前までは一般的な職業とは言えなかったのである。

たとえば一九三三年に行なわれた調査では、中学校男子の「希望職業」の一位から三位は「軍人、医師、商業者」となっている。この場合の「商業者」は、小規模な商店勤務を指している。今日の「勝ち組」である「会社・銀行員」は八位、「実業家」は九位である。ちなみに女学生では、一位から三位は「教育家、商業者、職業婦人」となっている。

軍人も教師も社会的立場や給与は安定していただろうが、大きな収入が見込める職業ではなかった。事実、軍人の給与所得は、将校クラスでもさほど多くはなかったようである。年収は、現代の貨幣価値に換算して、少尉で三〇〇万円程度、大尉でも四〇〇万〜六〇〇万円程度だったという[18]。少尉以上は、海軍兵学校か陸軍士官学校を卒業した職業軍人の役職であり、帝国大学（旧制高校）以上の難関を突破した秀才である。死の危険と常に隣り合わせであることを考えれば、高くはない報酬水準であろう。

それでも当時の若者たちは、実業家よりは軍人になろうとしたのである。職業を選択する際に、収入はそれほど重視されてはいなかったことがわかる。

そもそも、現代でも人気職業の価値観は時代や世相に応じて刻々と変化する。

たとえば、現代では外資系投資銀行というと「なんとなくカッコいい」という印象があるかもしれないが、この評価は安定したものではない。

評論家の末永徹《すえながとおる》は、著書『メイク・マネー！私は米国投資銀行のトレーダーだった』（文藝春秋）の中で、一九八七年に新卒でソロモン・ブラザーズ・アジア証券に就職した当時の経験を綴っている。末永は開成高校から東大法学部に進んでいるが、当時、この学歴で外資系企業を就職先に選ぶ人は珍しかったようで、著書でも自分がいかに奇異の目で見られたかを述べている。

しかし、私が就職活動をしていた二〇〇〇年代前半は、外資系投資銀行の人気が絶頂に達しており、わずか数名の新卒採用枠に高学歴の学生たちが列をなしていた。

人気が再び暗転するのは、リーマン・ブラザーズの破綻の頃である。世界金融危機の余波がおさまらない二〇一〇年、私がシカゴ大学MBAに留学中の頃には、投資銀行出身の同級生たちがこぞって「すごく肩身が狭い」と呟いていたことを思い出す。そして異口同音に、「あの業界に戻りたくない」と言っていた。華やかにみえた投資銀行のイメージは、リーマンの破綻を受けて、諸悪の根源であるかのようなイメージに変わってしまった。

高収入の落とし穴

このように、何が「勝ち組」かということは、時代によって簡単に変わりうるものであり、一時の「勝ち組」イメージをもとに職業を固定してしまうのは、早計だと言える。収入それ自体を目的化することは、さらに二つの危険性をもたらしうる。リクルート出身で民間校長も務めた藤原和博《ふじはらかずひろ》は、「日本人の時給は800円から8万円くらいの幅がある。なぜ100倍もの差が生まれるのか」と題して、キャリア形成において「レアキャラ」となることの重要性を説いている。

「『年収』について語るとき、私は『時給』で語らなければいけないと思っています」と語る藤原は、企業人の給与所得をアルバイトと比較する。[19]

ここで比較の対象となっているのは「二つのマック」、すなわち、「マクドナルド」でアルバイトとして働く際の時給八〇〇円と、「マッキンゼー」のシニアコンサルタントの報酬を時給換算した八万円である（「マクドナルド」も「マッキンゼー」も、ともに日本では「マック」と呼ばれる）。

藤原の見解にはうなずける部分も少なくない。給与に限らず資本主義では、あらゆる価値は希少性（藤原の言う「レアキャラ」）によってもたらされる。しかし、実際にマッキンゼーで働いたことがある人間としては、この主張にはいくらかの無理があるように思える。

まず、「時給が八万円」と想定されているのはあくまでマッキンゼーのシニアコンサルタントである。時給に換算すれば八万円ほどになるのかもしれないが、実際の彼らは時給で働いているわけではない。彼らは前章でみたとおり、パートナーとしてマッキンゼーを所有している経営者である。その彼らをアルバイトと比較するのは、明らかに不適切であろう。もし比較するなら、マクドナルドの経営陣と比べるべきである。

また、藤原の発言で気をつけないといけないのは、仮に「時給八万円」の立場が手に入ったとしても、それは安定した時給ではないという点である。どれだけ高額だったとしても、時給は所詮、時給にすぎず、自らの時間の切り売りである。二四時間、三六五日、死ぬまで継続できるものではない。加えて言うなら、これほどの高額を受け取れる仕事というのは、通常は極めて不安定な立場である。

感覚的に言えば、年収二〇〇〇万円を超えるビジネスマンというのは、もはや一般的なビジネスマンとはいえない。高給である代償として、いつ解雇されるかもわからない。だとすれば、「時給八万円」の生き方にも限界はあるし、それなりのリスクも伴っている。この意味で、マクドナルドのアルバイトとは、単純には比較できない。

また藤原は、ますます厳しくなっていく雇用環境の中で足を掬《すく》われないようにするためには、「レアカードになればいい」とも述べている。

> ポケモンカードで遊んだことのある人だと分かると思うのですが、希少価値の高いレアカードは魅力なわけですよ。つまり、自分自身をレアカードにするという感覚をもてるかどうか。これがものすごく大事になってくるでしょう。[20]

コンサルタントが「時給八万円」を得られるのは、「世界の企業経営者にインパクトを与えられる」その立場が極めてレアであるからだと藤原は言う。そのレアさをいかに獲得していくかが、キャリアにおいて重要だということである。

しかし、私の経験から言えば、自分自身を「レアカード」にするという方向性を極めたところで、それはあくまで「労働力としての希少性」を高めることにしかならない。それで二〇〇〇万円——業種によっては数億円もありうる——の年収を手に入れることはできるかもしれないが、行き着けるとしても金額には限界がある。また「レアカード」がゆえに、世の中に必要とされない可能性もあり、この場合「時給八万円」どころか、定職もままならない。

しかも、長期にわたってこうした額の報酬を安定的に稼ぎ続けられる可能性はかなり低いため、現実的な期待値としてはそれほどの高い水準の年収には達さないのではないだろうか。

なぜあなたの給料は上がらないのか

給与所得の決定メカニズムについては、カール・マルクスの『資本論』(岩波文庫)が的を射ている。

マルクスによれば、労働者の報酬（「労働力を商品として売り込んだ価値」）とは、「生活に必要な金額」と、「多少の息抜きに遣う金額」、そして「子弟を労働力として教育する費用」といった生活維持コスト（厳密に言えば、労働力再生産に必要なコスト）の総計によって決まる。このことからも、藤原の言うような希少なスキルが必ずしも報酬を高めるわけではないことがわかる。

労働報酬の限界に関して、作家の佐藤優《まさる》は以下のように説明している。【21】

そもそも「自己実現（やりたいことをやること）」ができるのは、資本主義社会のなかでは資本家だけである。資本の論理では労働者は自己実現できない。（中略）すなわち労働者は自分の時間を雇用者に売ったところで、日々の生活と子育てで基本的にカツカツになるように賃金のバランスが取られているのである。

マルクスの掲げる三つの要素が満たされる水準の報酬なら、たいていの労働者は満足する。経営者は、当然この水準を無意識的にせよ考慮して、従業員に支払う給与の額を決めている。

繰り返すが、給与の額は、従業員が社にもたらす利益の多寡やスキルの希少性に応じて上がるわけでは必ずしもない。

極端なたとえをするのなら、たとえばある従業員のパフォーマンスが際立って高く、一〇〇〇万円の年収に値したとしても、本人の生活が五〇〇万～六〇〇万円で賄えるものであるなら、それ以上を与える必要はないのである。

資本のロジックには、こうした冷酷さがある。ストックオプションや株式付与にしても、本質は変わらない。資本家や経営者と比べると、従業員に割り振られる持分は低い水準に抑えられる。

歩合による保険セールスや証券セールスなどは例外的に業績連動が大きな割合を占める業界であるが、一般には個人の業績に応じた報酬には限界がある。報酬に関して、会社の利益や株価の状況などが加味される業績連動給与を謳っている企業も多いが、株主や経営者に比べれば、その連動は緩やかである。

そもそも、一個人が全体の業績に、どのようにどこまで貢献したのか、正確に計測することは難しい。たとえば、実力の世界とされるプロ野球選手でさえ、特定の選手がどれだけの集客を果たし、どれほどの広告効果を上げたのかを計測し、公平に報酬に反映させることは難しい。
プロ野球選手はプロ野球選手で、自分の能力、引退後も含めた生涯年収の目算、子どもの養育費などの必要コストと照らし合わせた上で、年棒に関して「これくらいだろう」という期待値を持っているのにすぎない。

プロ野球選手はやっぱ現役のうちに稼がなければならない。30越えたら、あと何年できるかわからない商売なのです。だからプロ野球選手の絶頂期と呼ばれるこの26歳のとき、年俸1800万円ってのは全然ダメなんです！　もっと稼いでないと〝人生の収支〟としては全然マズイんです。[22]

漫画『グラゼニ』（原作・森高夕次／作画・アダチケイジ、講談社）のセリフである。「カネ」をテーマにした、珍しい切り口で、プロ野球世界のシビアさを描いている。もちろんフィクションであるが、著者の知人たちをみていても、実態にかなり近い。実力主義のプロスポーツの世界ですら、マルクスの三要素を踏まえた皮算用が働いていることが窺える。

以上、いろいろなケースを例に挙げてきたが、骨子は以下の一言に尽きる。

努力教を信奉する限り、組織のロジックから逃れることはできず、自己実現できる可能性は限りなく低い――。

「従業員をできるだけ安く働かせて、できるだけ高い利潤を手に入れたい」という資本主義の枠組みが、企業に強く働きかける。この中で一個人においては、「努力教」の称揚する「キャリアアップ」そのものが、そもそも一種の幻想にほかならない。

「努力教」に背をむけて、個人が取るべき道はあるのだろうか。

2　「努力教」に背を向けて

フリーランスという危険な選択肢

「努力教」とは異なる道として、たとえば、フリーランスや個人事業主という生き方はどうだろうか。

フリーランサーが手に入れる報酬は給与ではなく、特定の業務を請け負うことから発生する受託料である。その意味では、種々の雇用条件と、資本家や経営者の思惑に左右されて給与に一定の歯止めがかけられる企業人よりも、所得に関しては自分自身の能力と働き方次第で多くを望みうるようにみえなくもない。働けば働いた分だけ、所得も増えるはずだからだ。

政府も、第四次安倍晋三《あべしんぞう》内閣が働き方改革を推し進めたあたりから、「新しい働き方」としてフリーランスを推奨する姿勢を見せている。しかし私は、その口車に乗って安易にフリーランスとなることを選ぶのは、ともすれば自殺行為にもなりかねないと考えている。

企業の側から見れば、フリーランサーへの業務委託は合理的である。社員として雇うのではなく、フリーランサーとして個別に契約を結ぶ形ならば、教育コストもかけずに最初から一定のスキルを持つ人材に仕事を任せることができる。しかも、不況になれば委託契約を切るだけで済む。

正社員からフリーランスに雇用を切りかえることは、企業が進むべき方向としては決して間違っていない。特に、雇用規制の厳しい我が国において、雇用を流動化できるフリーランス活用は魅力的である。

そのため、企業が雇用を流動化しようとする流れは、押しとどめられないだろう。おそらく今後一〇年ほどの間に、社会全体がフリーランスを活用したモデルに向かってシフトしていく。現在でも、病院、コンサルティング、美容室といった業界は、正社員の雇用ではなく、フリーランサーへの業務委託、あるいはパートタイマーの活用が一般的になりつつある。

最近の病院に目を向けてみると、正規雇用されている医師も減りつつあり、医師といえども時給制で勤務しているパートタイマーであるケースが多い。もちろん、高度な技能を持つ専門職であるだけに時給も高い。また、人手不足を解消する手段として、仕方なくパートタイマーを採用している病院もある。しかし、病院を経営する側としては、無意識であるとしても「たとえ高いバイト代を払ったとしても収益は上がるはず」というような計算は、はたらいているはずである。

医師の時給はパートタイマーといっても悪くないが、状況が変われば、その医師は必要ではなくなるかもしれない。もちろん、医師のような人材不足の業界では次の仕事もみつかるだろうが、不安定さの上に成り立っていることに変わりはない。

プロ野球選手と風俗嬢の共通点

フリーランスに限らないが、業務を個人で請け負っている場合、たとえ収入が高水準であったとしても、さまざまな問題が生じうる。たとえば、弁護士はどうであろうか。多くの弁護士もまた、フリーランスに近い境遇に置かれがちである。事務所は持っていても、一人でやっているようなケースがそれに当たる。苦労が多く、精神的に追い詰められていることも珍しくない。原因は、大きく三つある。

ひとつは、仕事をマネジメントしているという感覚が得られにくいことだ。なにごとも顧客からの依頼に左右されるため、自分でコントロールできる余地が少ない。金曜日の夜に、突然の依頼が入ってくることもある。しかも弁護士が持ちかけられる相談は、離婚や事故、深刻なトラブルなど、弁護士個人に心的負担を強いるような案件が多い。

第二に、特に一人で請け負っている場合、すべての業務を独力でこなさなければならないという制約である。個人事業主の場合、事業を拡張することも難しい上に、顧客を失うことを恐れておいそれと休むこともできない。

第三に、弁護士に限らず、多くの個人事業主に共通している問題のひとつは、将来が見通せないことにある。今現在は満足のいく収入が得られているとしても、五年後、一〇年後にも状況が変わらずにいるという保証はどこにもない。常に不安と隣り合わせの暮らしぶりを余儀なくされる。

こうした個人事業主の問題点に関しては、風俗嬢の世界にも近いものがある。

中村淳彦《あつひこ》の『東京貧困女子。』（東洋経済新報社）は、長年、風俗嬢などを取材してきた著者が、彼女たちの間にはびこる貧困問題に焦点を当てた労作で、コミック化もされている。これを読むと、風俗嬢の置かれた境遇が、個人事業主とよく似通っていることに気づかされる。少なくとも短期的には悪くない収入を弾き出すこと、独力ですべてをこなさないといけないこと、しかしそれがいつまでも続きはしないこと、が共通している。

中村の本ではたとえば、両親からの経済的援助を受けられずに大学に通ったある女子学生のケースが挙げられている。彼女は、学費に苦慮したあげく、二年生になってから風俗店で働きはじめる。蕎麦屋のアルバイトで得られる一ヶ月分の収入をわずか一日で稼いでしまい、ほどなく月に七〇万～九〇万円稼げるようになったという。

二十歳《はたち》そこそこの女性が稼ぐ月収としては、「飛び抜けて高額である。しかし、その状態がいつまで続くのだろうか。この女子学生も、やがてその不安に押しひしがれるようになる。就職活動を始める頃には「社会人になって風俗を卒業すれば、収入は当然下がる。近い将来、収入が減り、いまの生活レベルが維持できなくなるのは確実であり、悩むことが増えた」[23]と精神状態に影が差しはじめる。

風俗嬢の報酬は完全出来高制であり、通常の仕事よりも当然、単価も高くなるため、「実は仕事が忙しく、収入があるときは安定している」が、「逆に暇になると、精神的な負担から病んでいく」と中村は指摘している。[24]こうした精神的不安定さも、フリーランサーが共通して抱える問題である。

プロ野球選手も個人事業主であるが[25]、同じ悩みに直面している。成績に抜きん出たところがないと、たちどころに契約を切られてしまうという不安がある。また、アスリートの場合は、五〇代、六〇代になっても続けられる仕事ではないという問題点もある。

言うまでもなく、こうした難点は風俗嬢と共通している。己の体力が資本であり、ケガや不調で涙をのんだ選手は数限りない。

コンサルタントの世界でも、フリーランス形態が流行している。特に需要があるのは二〇〜三〇代の若手である。本来、コンサルへの報酬は、その人の持つ技能に対して支払われるべきもので、年齢が若いかどうかは無関係であるはずなのだが、「体力があり、無理なスケジュールでも働き続ける」という若手の方が、雇う側にとっては好都合であることが多い。

コンサルタントの側も、たとえば「コンサルタントとして三年間の経験があります」といった触れ込みで自分を売り込んでいくわけだが、そうしたアピールがいつまでも有効なわけではない。そのコンサルタントがたとえば五〇歳になったとして、「二〇年前にコンサルとして三年間働いた」と訴えたところで、なんのアピールにもならないであろう。

キャリアには賞味期限がある。たとえば、「元マッキンゼー」の肩書きは、退職後数年の職の保証はしてくれるかもしれないが、一〇年後を保証するものではない。

もちろん、発注企業からの期待を凌駕しうる価値を、コンスタントに提供できる個人にとっては、フリーランスという生き方は魅力的な選択肢である。美容師や弁護士、医師など国家資格を有する、つまり明確な技術資格と身分の保証がある人たちからすれば、フリーランサーになることには明瞭な利点がある。

しかし、万人向けとは言えない。プロアスリートになることが、あるアスリートにとっては最適な選択である一方、その他多数のアスリートにとっては、不安定な立場に身を置くことでしかないのと同じで、自らの付加価値や営業力に自信がなければ、フリーランスは危険であろう。自分にとって、フリーランスが魅力的な選択肢であるのかどうかについては、どれくらい長く続けうるのかも含めて十分な検討が必要である。

金融商品としてのわたしたち

フリーランスには人身売買的な危険性があることも指摘したい。メディアも政府もさまざまな美名をかぶせてフリーランスの活用や魅力を喧伝《けんでん》しがちであるが、フリーランスという雇用形態は、つまるところ、自らを金融商品に変質させて売買しているようなものである。

つまり、個々人の能力やスペックに応じて、人が金融商品さながらに格付けされ、「この製品は大学院卒でデータ分析ができるので、時給一万円です」といった調子で取引の対象になりうるということである。まさしく、労働力の商品化である。いずれ、労働力の取引所が発生するようなことにもなりかねないと私はみている。「この人物は、将来、これだけの利潤を生み出す可能性がある」という裏づけによって、特定の人材が上場市場のような場で取引されるような未来図である。[26]

すでに「人間の金融商品化」の萌芽はみられる。たとえば、「デヴィッド・ボウイ債」は現実に発行された商品である。[27]

これは一九九七年、デヴィッド・ボウイ（一九四七〜二〇一六）が、一九九〇年以前に録音された自らの楽曲の著作権から発生する利益等を担保にして発行した債券で、[28]ムーディーズからA3の長期信用格付けを受け、五五〇〇万ドルを調達するほどの成功を収め、ジェームズ・ブラウンなど他のミュージシャンも追随した。

作家のスティーブン・キングの場合は、まだ書かれてもいない小説作品に対して莫大な前払い金が支払われていたが、これもボウイ債に近い仕組みであろう。実際の執筆が何年も先のことであったとしても、発表さえすれば、しかるべき利益が発生するものとみなされ、いわば先物として取引されているのである。

将来発生する利益に基づく債権の仕組みは、著名人の作品の将来性を担保としたものであり、人そのものを対象としているわけではない。しかし、将来的に個人に、しかも無名の個人に置き換えられる可能性は十分にありうる。まずは利益の見込まれやすいアスリートや芸能の世界に適用されるだろうが、やがて経営者、ひいてはそれ以外の多くの人々にも拡大されるかもしれない。

個々人がスキルやスペックによって格付けされ、金融商品のように売買される世の中になると想像してみてほしい。たとえば「ハーバードMBA、マッキンゼー五年勤務、期待利回り八%、償還一〇年」のような投資商品である。個々人は、その債務や期待されるリターンのために人生を差し出すこととなる。これは、人身売買である。

「一攫千金教」のためのM&A入門

コツコツと努力を積み上げることで給与所得を積み上げる「努力教」も、フリーランスのような疲弊も避けたい。でも、キャリアアップもしたい。この希望こそが「一攫千金教」である。手段はどうあれ、短期間での利潤最大化を図る信仰である。そしてM&Aが鍵となる。

M&Aによって、自ら起業した会社のすべての株式を売却することができる。一般的に売却価格は、当該の会社のＥＢＩＴＤＡ（税引前・減価償却前の営業利益[29]）の数年分が算定されるため、短期間に大きい金額を手に入れるには、Ｍ＆Ａは手っ取り早い方法となる。「年収一億円」を数年にわたって維持するのは大変であるが、株式売却であれば、数百億円を短期間に手に入れられる可能性がある。

Ｍ＆Ａの第一歩は、まず起業することである。読者の中には、起業とは、なにか特別な能力や経歴が必要なのではないか、リスクが高いのではないかと思う人も多いだろう。しかし実のところ、起業はなんら難しいことではない。

起業には、学歴も経歴も、それまでの努力すら関係がない。私はこれまで、多くの優れた起業家と交流してきたが、高学歴の人も、そうでない人もいる。起業家と呼ばれる人々には、むしろいわゆる「Ｆランク大学」の出身者や高卒の人が多い（ただし、後述の通りベンチャーキャピタルからの巨額調達をする起業家は高学歴が多い）。

彼らの多くは、高い学歴や華々しいキャリアなどを持っていない。就職に失敗したり、企業勤めが合わなかったり、ほかに選択肢がなかったからこそ、自ら起業するという道を選び、成功を収めてきたという人が多い。「起業」と聞いて思い浮かべがちなイメージ――孫正義《そんまさよし》によるソフトバンクの創業など、ビッグアイディアを基にした起業――とは異なるパターンを踏んでいることが多い。むしろ誰もが思いつきそうなアイディアで地道に起業して成功した例が少なくない。

たとえば、前述したリラクゼーションサロンの「りらくる」を創業し（創業時は「りらく」）、七年間で直営店舗を全国で六〇〇店規模にまで急速に拡大した竹之内教博は、大学を四ヶ月で中退したという学歴である。彼は、英大手投資ファンドに、自身の会社の九〇％の株式を二七〇億円で売却した。

その経緯は、自身の著書『無名の男がたった7年で270億円を手に入れた物語』に詳しく語られている。この本は、個人がM&Aによって一攫千金を成し遂げるための有益なヒントを与えてくれる。

竹之内の経験は、会社を売る側の立場で語られたものであるが、外資系ファンドで会社を買う側の立場にいた私から見ても、参考になる点が多い。著書は、資本主義社会を上手に生き抜くための「資本ゲーム」の本質を的確に突いたものであり「資本ゲーム」の攻略本として役に立つであろう。

この本に基づいて攻略法を解説するならば、M&Aによる一攫千金のポイントはざっと四つに収斂《しゅうれん》される。

①質ではなく量を追求する

大金を掴むには、自らの会社に高い価値をつけ、M&Aで売却するのが手っ取り早い。先に述べた通り、M&Aにおける会社の売却代金は、会社の利益の数年分が見積もられるのが普通なので、成功すれば一攫千金が果たせる。もちろん、そのためには、会社自体の価値をできるだけ高くする必要がある。

竹之内の「多店舗展開をする上では、1店舗の売上を10割にすることを目指してはいけません。重要なのは『8割でいいと割り切る』ということです」[30]という指摘は、企業価値の最大化に向けてどのようなビジネスを目指すべきなのかについて参考になる。

竹之内はさらに、日本人がとかく、時間をかけてひとつの技術を極めようとし、それを美徳とするような傾向があることにも触れ、「それはそれで良いことだと思うのですが、その発想ではたくさんのものを売ったり、店舗を出したりということは決してできません」とも述べている[31]。

質ではなく量を追求することで、七年間の短期間で、直営店を全国六〇〇店規模まで拡大した点は、売却の際も高く評価されたはずである。逆に言えば、日本人にありがちな、質の過度な追求は、少なくとも企業価値の最大化の観点ではとるべき戦略ではない。

②カリスマ性を身につけない

利益が成長していれば、どんな会社でも売却できるというわけではない。M&Aによる売却において求められるのは、再現性の追求とともに属人性の排除である。「この人がいなければ事業として成り立たない」という要素を限りなく少なくした方が高く評価される。

「起業」と言うと、先に例として挙げた孫正義のようなカリスマ的人物のイメージが強いかもしれない。しかし、最終的にM&Aで会社を売却することを目指すなら、起業した当人にカリスマ性があることは、かえって阻害要因となってしまう。

むしろ誰でも後継者になれる形のビジネスにしておかないと、売却は難しくなる。その意味では、一攫千金においては、ソフトバンクやファーストリテイリングを目指すのは見当違いということになる。創業者が今もって社の代表を務めているのは、後継者への経営の引き継ぎに失敗しているからである。孫正義や柳井正《やないただし》に替えはきかない。

創業者ではないが、ウォーレン・バフェットについても似たことが言えるだろう。バークシャー・ハサウェイは、もともと綿紡績事業の会社であったが、投資事業へと大きく転換した。実質的な創業者であるバフェットなしには存立しえない企業となっている。

今後、事業承継がますます社会問題化するであろうが、後継者にスムーズにバトンタッチできる体制にしておくことは、この視点からも重要となる。

代表者への属人性の強いビジネスが、売却に向いているとは限らない。実際、竹之内は「属人的な部分を廃《ママ》し、誰がやってもある程度の成果を生み出せる仕組み化は、人の気持ちに左右されることもありません。今、私はあらゆる事業のあらゆる場面で仕組み化を取り入れています[32]」と述べている。バイアウトをゴールに設定して資本ゲームに参加するのであれば、この点は肝に銘じておくべきである。

実際、竹之内は、「同じビジネスモデルを展開すれば、誰でも同じように成功できる」ようなビジネスモデルを構築することこそが、M&Aによって巨万の富を手に入れる近道なのだと説いている。

つまり、目指すべきは、たとえ二流の人材でも一流の製品やサービスを提供できるようにすることなのであって、その逆ではないのである。

③徹底的に真似をする

では、巧みなビジネスモデルとはどうすれば創出できるのだろうか。

「私が新たに始めるビジネスに求めたのは、『横展開しやすくて、成功している前例がある』ビジネスモデルです」と竹之内は述べている[33]。

たとえば、「りらくる」が採用しているビジネスモデルには、前掲書をまとめると以下のような特徴がある。

（1）雑居ビルにテナントとして入居することで、箱物としてのコストを低く抑える
（2）フリーランスへの業務委託という形を取ることで、人件費を流動化させる
（3）低料金に設定するかわりに多店舗展開をすることで、利益を確保する

こうしたビジネスモデルは、美容室や学習塾など、他の店舗ビジネスにも共通してみられるものである。

また竹之内は、「日本が無理なら海外で」とも述べている。当該のビジネスモデルが日本には馴染《なじ》まない、あるいはすでに日本で飽和しているのであれば、海外で日本的なビジネスを展開する道もあるということだ。抹茶カフェ、回転寿司、セルフうどん。日本では過当競争となったビジネスも、アメリカでは繁栄の途上にある。逆に、海外ですでに成功している

ビジネスモデルを日本に移入するという方法もある。楽天を創業した三木谷浩史《みきたにひろし》が得意としてきた手法である。

肝心なのは、良いビジネスモデルを「徹底的に真似をする」ことである。同業種のみならず、異業種、海外にいくらでも優れたビジネスモデルはころがっている。コンサルティング業界では、これをクロス分析という。

ただし、あくまで「ビジネスモデル」を真似することであり、「ビジネス自体」を真似することではない。島田紳助《しまだしんすけ》も、名著『自己プロデュース力』（ヨシモトブックス）の中で、「B＆Bを徹底的に真似した。ただしネタを真似したのではなく、システムを真似した」と述べている。【34】これも、いわば他の成功モデルを巧みに借用して成功した例だと言えるであろう。

④人たらしになる

優れたビジネスモデルを応用して軌道に乗せたとしても、会社の価値を高める上で最も問われるのは、人的管理の問題であるということを忘れてはならない。スタッフや経営陣が離反しては、ビジネスとして成り立たないからである。竹之内も、「セラピストの確保」が「客の確保」よりも難しいと述べている。

私はコンサルタントとして、また投資家として、あらゆる企業の経営にかかわってきたが、全く同じようなビジネスモデルであるのに、成長や収益性に雲泥の差がついている会社が多くある。これはほとんどの場合、社員や従業員のスキルとモチベーションの違いに起因する。

竹之内が明記しているわけではないが、スタッフを離反させないために取れる方法は、私が思うに二つある。ひとつは報酬を上げること、もうひとつは、人心掌握のスキルを高めることである。前者を「外発的動機づけ」、後者を「内発的動機づけ」と言い換えてもよい。

報酬を上げることとは、もう少し丁寧に言えば、支払われる報酬に対する「納得感」を高めることを指している。従業員が「これだけもらえれば十分だ」と思うかどうかが肝となる。ただし、従業員の納得感を引き起こすものは、必ずしも「目に見えて高い報酬」とは限らない。

前節〈1　奴隷と企業人〉で紹介したマルクスの賃金決定のメカニズムを思い出してほしい。すなわち、衣食住と少しの息抜き、そして子女の教育に充《あ》てる費用が確保されさえすれば、たいていの人は納得するというメカニズムである。裏を返せば、人は金銭を増やしただけでは能動的に動かない。

納得感を高めることに貢献するのが、人心掌握術である。「人たらし」と呼んでもいい。たとえば、「うちの会社は給料は高くないが、社長はいい人だから頑張ろう」「この仕事はすごく役に立っているし、自分の成長にもつながっている」と従業員たちに思ってもらえるかどうか。従業員が「理念浸透」と肯定的にうけとめるか、「やりがい搾取」と否定的にとるかは、社長の力量次第であろう。

ただし、このことはあくまで、従業員をできるだけ安く働かせ、できるだけ多くの利潤を手に入れることを最重視する、資本主義のルールに沿ったものであるということは強調しておきたい。前節では私は批判的に言及しているが、自らが経営者となるなら、むしろ絶対に必要な経営能力だと考えている。利潤を確保しなければ、資本主義社会で会社が存続することはできない。この冷徹さに向き合わない経営者は生き残れない。結果、社員も路頭に迷うこととなる。

佐藤優は、『いま生きる「資本論」』(新潮文庫)の中で次のように述べている。

資本主義社会において、搾取しない企業はたった一つ、搾取しない資本家はたった一種類なんです。それは、倒産した企業と破産した資本家ですよ。倒産した企業は賃金を払うことができませんから、搾取をしている企業よりもタチが悪いんです。資本主義はそういうシステムなのです。[35]（傍線は引用者による）

以上の通り、四つの原則を実施して、自らが起業した会社を然るべきタイミングで売却すれば、一攫千金も夢ではない。ただし、特に〈④人たらしになる〉に関しては、経営者の熱意と魅力が問われることになる。こうした経営者資質が万人に備わっているとは、必ずしも言えないことには、注意する必要がある。

次章では、努力教でも一攫千金教でもない、しかし、この資本主義社会の中で、足を掬われずに生きていきたい。そんな読者のために必要な心得を示していきたい。

〈コラム〉経済学を理解するためのガイドライン

　経済学に不信感を抱いている人は少なくない。ともすると経済学は、机上の空論だとも思われている。経済学を学んだところで日々の生活にはなんのプラスも及ぼさないと考えている人も珍しくないだろう。

　しかし、本当にそうなのだろうか。むしろ経済学こそが私たちの現実の生活にさまざまな影響を与えている。経済学とは、政府、企業、個人の意思決定のための学問である。そして、たとえば政府レベルの意思決定であったとしても、企業や個人への影響は免れ得ない。

　わかりやすい例として、第1章で紹介した新自由主義的経済政策に目を向けてみよう。

　新自由主義的経済政策とは、シカゴ学派の代表格であるミルトン・フリードマンが一九六〇年代から七〇年代頃に主張した「小さな政府」を標榜し、経済に対する政府の役割を最小限に抑え、市場判断に任せる自由放任（レッセフェール）政策を指す。フリードマンの主張はその後の一九八〇年代に英サッチャー政権、米レーガン政権等の多くの国家が採用していったことは第1章で述べた通りである。

日本でも、小泉政権がこのグローバルトレンドに追随し、規制緩和が吹き荒れた。その結果、製造業などに非正規雇用が急速に浸透し、格差拡大に結びついたことはよく知られている。逆にいえば、新自由主義に整合的な業界、たとえば人材業界や投資サービスは急拡大した。この波に乗ることができた企業や起業家は確実に存在する。

個人レベルであれば、人材流動化に耐えうる高度能力（たとえば投資における専門性）の獲得か、大企業の安定雇用に何とかしてしがみつく耐性が求められた。これは準備しえた、個人の選択肢であった。

これは、経済学が現実の生活に影響を与えているということの一例である。そして、資本主義社会の仕組みを理解するには、経済学についての一定の知識がどうしても必要になってくる。

しかし、経済学は難しい。「わかりやすく」「短時間で」経済学のすべてを語ることなどそもそも不可能である。最も初歩的な学習法は、拙著『新・独学術』（ダイヤモンド社）で提示したように、高校生向けの「政治・経済」を学習することであるが、経済学の全容を把握するのに必要十分な内容であるとは言えない。

数世紀の間に、経済学は膨大な知と論理を結集していった。近代的な経済学は一八世紀にアダム・スミスらによって体系化されたが、その後、経済学は、周辺のあらゆる学問を吸収しながら発展していった。その中には、心理学や、経営学なども含まれる。

そのため、全てを網羅することはできないが、経済学を俯瞰《ふかん》するための学習の足がかりとなる、五つの視点を提示しておきたい。

1　経済学の「分岐点」に着目する

「経済学」に限らず、学術一般において、分岐点に着目することは重要である。それまで同じとされてきた概念が、なんらかの重要な発見や問題によって異なるものとして区別される転換を示しているからである。私が考えるに、経済学の大きな分岐点は三つある。

最初の分岐点は「経済学」の誕生である。いわゆる近代経済学は、先に述べたように一八世紀に成立したが、その萌芽ははるか昔の古代ギリシャに遡る。

Economics（エコノミクス、経済学）の語源となったオイコス（oikos）は、ギリシャ語の「家」を意味しており、家族を中心とした自給自足的な経済を指していた。狩猟社会から農耕社会に移行するにあたって、食糧の分配や徴税といった社会制度が必要となり、分配の効率的な運用方法を模索する中から、経済学の視点が生まれた。パンは空から降ってくるわけではない。このことを古代ギリシャの詩人ヘシオドスは、「神々は、人間の命の糧《かて》をお隠しになられた」と表現した[1]。家族的経済の制度設計として経済学が誕生したこと、それが第一の分岐点であった。

経済学が大きく発展する二番目の分岐点は、それから約二〇〇〇年後のアダム・スミス（一七二三〜一七九〇）の登場である。アダム・スミスの登場によって、近代経済学が学問として体系化された。

スミスがなぜ近代経済学を打ち立てることができたのかといえば、市場原理に基づく資本の増殖が、この時代にみられたからである。

スミス以前の経済学を、『日本大百科事典』（小学館）の「経済学」の項目では次のように表現している。「経済活動がその社会全員の仕事ではなく、奴隷あるいは農奴という自由を持たない被支配階級の手に任せられ、政治や戦争、あるいは精神文化が支配階級に独占されていた」。先に説明した、ギリシャ以来の封建家族経済の時代である。近世以前のこの固定された身分制度の揺らぎが、スミスの時代に起きたということだ。単純化して言うなら、国民（ある時代まで、大半は農民）からの徴税に依存する国家運営に限界が生じたとき、国家は、税だけではなく商業によって駆動する新しい経済システムに移行せざるをえなくなった。この新しい経済システムを効果的に運用するための理論が必要とされるようになったのである。

このとき、分配手段としてのオイコスから、経済発展の動力としての近代経済学への発展がみられた。ちなみに、日本でも一八世紀の後半には、田沼意次《おきつぐ》による重商主義的政策が採られていた。鎖国をしていたはずの日本と西洋世界の間に同時性が成立していたことは興味深い。田沼を悪徳政治家だとみるむきは、新井白石ら儒学者の偏狂と嫉妬による。

スミスの時代の「経済学」は、現代ほど明確に「マクロ経済学」と「ミクロ経済学」に分かれていたわけではない。それは、君主による国家運営を目的として考案され、価格メカニズムや市場均衡を分析したものであった。国家経済を分析対象としたという意味でマクロ経済学といえなくもないだろうが、分析手法としてはミクロ経済学により近い。

ミクロ経済学は、家計の消費活動や企業の生産活動を、商品物価と数量に重点をおいて分析したものであり、この均衡においてスミスのいう「神の見えざる手」が働くのである。一国の経済活動量の長期・短期での変化を分析し、主に財政政策と金融政策の観点で検討するマクロ経済学とは異なる。

マクロ経済学の発展は二〇世紀のことであり、アダム・スミスやデヴィッド・リカード（一七七二〜一八二三）などの古典派経済学を下敷きとしながら、ジョン・メイナード・ケインズやミルトン・フリードマンらが発展させた。二〇世紀に入って、金利と貨幣流通のコントロール、つまり中央銀行の役割に着目したマクロ経済学が誕生した。これが、第三の分岐である。

2　国家と市場の「二項対立」で捉える

マクロ経済学とミクロ経済学の比較で見たとおり、経済学を理解する上では、国家や市場との距離感に着目する必要がある。国家と市場という対立的な役割に目を向けることで、経済の実相が見えてくる。

前項で述べたように、経済学の祖型はそもそも、国家運営のツールとして誕生した。そして資本主義社会の成立以前には、主として農民や商人の生産を、徴税を通じて国家や教会が享受したわけだが、国家統制を強めれば、当然、反発が生じる。ルネサンスや宗教改革、フランス革命には、いずれも国家や教会などの伝統的権力による経済統制に対する反動という側面があった。

第1章でも述べた通り、近代経済学の祖とされるアダム・スミスは、個々人が自らの利益を追求していけば、全体を統制する力が働かなくても、市場を通じて社会全体に均衡がもたらされ、誰もが利益を得られるようになると考えた。いわゆる「神の見えざる手」である。国家が民衆から一方的に税を徴収し、消費することで成り立っていた経済の枠組みが、市場による取引に徐々に取って代わられていったのである。

スミスらによって構築された、自由市場を重視する経済学は、「古典派経済学」と呼ばれ、アルフレッド・マーシャル（一八四二〜一九二四）らに代表される「新古典派経済学」によって引き継がれている。ミルトン・フリードマンも「新古典派経済学」の系譜である。

国家による経済への統制や介入を極力排除することで、結果として最良の状態を導こうとするレッセフェール政策も、先述の新自由主義も、新古典派から派生している。このような小さな政府を、ドイツの政治学者ラッサール（一八二五〜一八六四）は皮肉を込めて「夜警国家」と表現した。今日では、軽蔑的なニュアンスは消え、一般表現となっている。

経済学の最大の論点は市場原理である。そして、自由市場を重視する経済学がある一方、国家による経済統制を主張してきた経済学もある。この立場の経済学者として特に名高いのは、『雇用、利子および貨幣の一般理論』（岩波文庫）を著したイギリスのジョン・メイナード・ケインズである。

ケインズは、一九二九年から始まった世界大恐慌のような危機、その中で、アメリカのような豊かな国でさえ景気後退に陥っていく事態を、従来の経済学では説明できないと考え、「長期的には、われわれはみんな死んでいる」という有名な言葉を残した。大恐慌のような非常事態においては、「神の見えざる手」が働いて雇用が自然に調整されることはなく、ただ手をこまねいて死を待っているわけにはいかない、ということを寓意的に表現したものであった。ケインズは、恐慌の局面では、国家は財政支出を積極的に増やし、経済を統制すべきだと考えた。

大恐慌に際してアメリカのフランクリン・ルーズベルト大統領が行なったニューディール政策も、ケインズ理論が裏づけになったとされている。ニューディール政策では、価格安定を目的とした農業の生産削減や補助金支給、また、テネシー川流域開発公社（ＴＶＡ）創設などの公共土木事業が実施された。

ところがケインズ理論は、一九七〇年代以降、批判にさらされることになった。当時、アメリカを中心とする先進諸国が経験したスタグフレーション（不況と物価上昇が同時に起こる現象）は、ケインズの理論では説明できないとされたためだ。

そこに登場したのがフリードマンであり、先述の通り、規制緩和を最大の武器とする新自由主義的経済政策が世界中に波及していく流れとなった。しかし、二〇〇八年に発生したリーマン・ブラザーズの破綻に象徴される金融危機の際には、再びケインズの理論が脚光を浴び、日本でも自民党が「二〇〇兆円の国債の発行」を謳って、公共事業への巨額の財政支出を主導した。

国家による経済統制を軸とするケインズ理論と、自由放任を軸とする古典派＝新古典派＝新自由主義的経済政策は、このように、長年にわたってイタチごっこを繰り返している。経済が好調であれば自由市場が礼賛される一方、経済が低迷した場合は、なんからの政治的介入が求められる、という繰り返しである。

経済学は、基本的には自由市場と国家統制という、二つの対極的な方針のどちら側かに立った議論であることを念頭に置けば、すっきりと理解できるようになる。

3 経済数式を単純化して考える

多くの人にとって経済学が難しい最大の理由は、経済学が数式で記述されているためである。たとえば、Y=C+I+G+(X-M)といった、最も単純な数式(ケインズの有効需要の原理)でさえ、本に出てくると難解な印象を持つ(Yは有効需要、Cは消費、Iは投資、Gは政府支出、Xは輸出、Mは輸入、を指している)。

経済学が数式の羅列となっている背景には、経済学が比較的新しい学問であることがあるのかもしれない。「自然科学に匹敵しうる学問として、なるべく高尚に見せたい」という学者たちの思惑を感じなくもない。

実際に、ノーベル経済学者であるポール・クルーグマン(一九五三〜)は、金融危機さめやらぬ二〇〇九年二月、『ニューヨーク・タイムズ』に、「経済学者はどのように間違ったのか(How Did Economists Get It So Wrong?)」というコラムを寄稿している。その中で「私が理解するところ、経済学が誤った方向に向かってしまったのは、美しく、印象的に飾り立てられた数式を、経済学者が集団で、真実だと思い込んでしまったからである」[2]と述べている。

経済評論家の副島隆彦《そえじまたかひこ》は、経済学に見られるこうした数式偏重を、「上級ラテン語が出来ない者は、神について語ってはいけない」という、ローマ・カトリックの態度と同じだと指摘している。つまり、経済学を議論できるのは、数式という現代の上級ラテン語を操るエリートに限定される、という驕りである。[3]

しかし、経済学で示されている数式概念は、単純化して理解すれば、実はさほど難しいものではない。たとえばマクロ経済学で使用される数式は、おおざっぱに言えば、「貨幣流通と生産量の関係」に帰着する。

先に取り上げたケインズの有効需要の原理を表す$Y=C+I+G+(X-M)$に加えて、ケンブリッジ方程式（$M=kPY$）、フィッシャーの交換方程式（$Mv=pQ$）、商品の価値を表すマルクスの数式（$X=C+N$）などいろいろあるが、これらは基本的には、「資金量は生産量と等価で結ばれる」ということを示唆している。

要するに、市中に出回るお金の量が多ければ多いほど、生産量は増える（逆もまたしかり）、ということである。不景気になると、財政出動によるバラマキによって生産を促進すべきだと主張する人が増えてくるのは、一連の数式に示されているこの考え方を背景としたものである。

最近は、ベーシックインカム（年齢や所得水準などの制約なしに、すべての人が国から一定の金額を定期的かつ継続的に受け取れる社会保障制度）やMMT（Modern Monetary Therory＝現代貨幣理論。自国通貨で債券を発行できる限り、政府がデフォルトすることはないため、財政赤字でも政府はインフレが起きない範囲で財政支出すべきである、という主張）についての議論が頻繁になされているが、これらも「バラマキ」の延長線上にある。

しかし、こうした美しい数式だけで説明できるほど、現実の経済は単純ではない。たとえばケインズは、貨幣と生産との間の現実の関係が、単純に等式で成り立つわけはないと考えた。もし単純な等式が正しいのであれば、生産の余剰や失業が生じる理由を説明できないからである。

数式は常に正しいとは限らない。経済学における数式とは、均衡モデルはもとより、たとえば等号で結ばれていたとしても、常に成り立つものではない。ある確率では当てはまると言えるが、当てはまらない可能性もある。このように理解しておいた方が適切であろう。

4　経済学的に意思決定する

経済学が無味乾燥な数式の羅列だと思われてしまっている理由は、日本の経済学教育が、理論教育に重点を置きすぎている弊害である。先に述べたとおり、経済学は、本来、人間の意思決定を分析する学問である。したがって、我々の日々の行動すべてが経済学の分析対象である。しかし、にもかかわらず、授業では具体事例の分析ではなく、理論や、その道具としての数理経済に割《さ》く時間があまりに多い。結果として経済学の面白さに気付く前に挫折してしまう学生が多いのは、もったいないことに思える。

アメリカの大学では、日本とは逆に、まず実社会の具体的な問題を取り上げ、これらが経済学のフレームワークによってどのように分析されるのかを学んでいる。関心があれば、応用レベルとしてより詳細な理論や経済数学を学ぶ、という順番となっている。日本とは逆である。私はシカゴ大学とハーバード大学の両方で、初学者向けの経済学の授業を履修したことがあるが、いずれの授業も面白かった。日本のように寝ている学生は皆無である。

教科書もわかりやすい。例えば、マサチューセッツ工科大学（MIT）の経済学者によって書かれた『アセモグル／レイブソン／リスト 入門経済学』（東洋経済新報社）は、アメリカの標準的な教科書となっているが、複雑な数式はあまり登場せず、「フェイスブックは無料なのか」といった、学生にとって興味を惹く話題から始められている。フェイスブックの利用料は無料であるが、機会費用の観点やデータ提供の観点で高いツケを払っている。こうした実例を通じて経済学における費用とは何か、ということが理解できるのである。

また、経済学を敬遠してしまう読者に私がおすすめしたいのは、実際に証券に投資してみることである。投資というと個別株や為替を思い浮かべる人もいるかもしれないが、私がおすすめしたいのは、日経平均やS&Pなど、一国のマクロ株式に連動する有価証券（主にETF）である。こうした証券であれば、経済学の原理がどのように日々の株式市場へ影響を与えるのか理解しやすいだろう。

たとえば、雇用統計などの経済指標が、その市場の株価にどのように影響を与えたのか、なぜそのような影響が出たのか、といったことを考えるきっかけにもなる。経済政策を理解するためには、日本国債や米国債などの国債もよいだろう。

あるいは、地金や原油など、商品（コモディティ）に連動した証券でもよいだろう。商品市場であれば、経済学で最も重要な概念である「需要と供給の関係」を肌感覚で理解できるようになるはずだ。

紛争などにより原油の供給に懸念が生じた場合、地金価格はどのように動くのか。猛暑によってエアコンの需要が高まった場合に原油価格はどのように動くのか。中国経済と地金や原油価格はどのように連動しているのか。投資を通じて様々な学びがあるだろう。

5 経済予測の当たり外れに着目する

しかし、経済学によって市場の動きを分析することはできるが、必ずしも市場の動きを予測できる訳ではない。[4] このことは経済学に対する、よくある世間の誤解でもある。「予測できないから役に立たない」という見立ては必ずしも経済学に対する公平な批判ではない。

優れた経済学理論があれば、未来の経済が予測できるはずだ、と多くの人は考えている。しかし実際には、経済予測は外れることも多い。経済学が「役に立たない」という誹《そし》りをしばしば受けるのは、こうした「予測が外れた事例」が蓄積されているためである。

たとえば、ケインズは単なる経済学者ではない。学者としては、哲学、数学、歴史学に秀《ひい》で、これらを経済学へと統合し、実務家としては、第二次世界大戦前後の英国、そして世界経済立て直しに貢献した。[5] 要するに近代稀にみる偉大な知性であった。ケインズは投資家でもあり、主に為替や債券投資で成功した。しかし、次の未来予測には失敗している。

一九三〇年、ケインズは、「孫たちの経済的可能性」と題した小論で「(孫たちの時代には) 一日三時間労働で事足りるだろう」とし、「創造以来初めて、人類は己の本物の、永続的な問題に直面する――目先の経済的懸念からの自由をどう使うか、科学と複利計算が勝ち取ってくれた余暇を、賢明にまっとうで立派に生きるためにどう埋めるかに人類が悩むことになるであろう」と予言した[6]。

実際、ケインズの予測を裏づける根拠は十二分にあった。発展目覚ましいテクノロジーを、労働時間の短縮のみを目的として活用していれば、現実にそうなっていたはずである。一九三〇年には莫大な費用と時間と手続きを要したであろう海外への手紙は、現代のメール技術ではものの数秒で届く。現代では翻訳の手間ですら技術が代替する。

しかし、「孫たちの時代」である現代において、ケインズの予測は実現していない。ひっきりなしのメールの着信、嘘か本当かもわからない大量の情報。現代では、テクノロジーはむしろ、我々をよりいっそう働かせる道具として活用されている。無意味な仕事さえ作り出されているが、いっこうに改善される気配はない。

ケインズのみならず、先述のノーベル経済学賞受賞者であるポール・クルーグマンも、近年、予見を誤っている。

一九九八年からの金融危機に際して、日本政府がいくつかの金融機関に救済措置を講じたことをめぐり、クルーグマンは二〇〇〇年四月に、「日本のやり方は間違っている。日本政府は民間銀行を安易に救済せずに、きちんと破綻処理させるべきだ。まるで社会主義のやり方である。バカだ」とまで述べた[7]。

ところが、リーマン・ブラザーズ破綻後の二〇〇九年四月になると、クルーグマンは一転して、「私は日本に謝らなければいけない。今、アメリカ政府がやっていること（政府の資金を使って銀行をまとめて救済した政策を指す）は、二〇〇〇年に日本がやったことと全く同じだ」と釈明した。[8]

なぜ、経済学の予測は外れるのか。原因のひとつは、経済学が立脚する「単純すぎる前提」にある。

経済モデルの中で前提とされているのは、「合理的な経済人」、すなわち、自らの利益期待値を合理的に計算し、最も損が少ない選択をすることができる人間である。

しかし人は、常に合理的な判断が下せるものだろうか。現実の私たちの行動は、たとえば損をすることを恐れてかえってリスクの高い選択をしてしまうなど、しばしば合理性から逸れてしまっている。またこのような「合理的な経済人」は時代、国、地域にかかわらず普遍的な意思決定をすることを含意している。しかし、実際には国や人種によって判断は異なりうる。そのため、「合理的な経済人」に基づいて組み立てられた経済学は、間違った結論を導いてしまう可能性がある。

ダニエル・カーネマン（二〇〇二年にノーベル経済学賞受賞）やリチャード・セイラー

（二〇一七年にノーベル経済学賞受賞）らによって発展した行動経済学が、従来の経済学にみられた合理的経済人の誤りを鋭く突いている。しかし、「不合理な実在人」を前提とすると、普遍的な経済モデルは構築できない。ここに経済学の矛盾と限界がある。

しかし、経済学が予測を誤ることがあるからといって、経済学が学問として不適切だということを意味しない。経済学だけではなく、「未来予測を誤ること」は学問全般にも言える。

人命がかかわるため、その解釈には最も慎重を要するはずの医学においても、誤りは枚挙にいとまがない。たとえば、かつては健康によいと言われていたものについて、現在では逆の評価が与えられているようなケースは少なくない。タバコやコカインなども、「健康的」として推奨された時代があった。そもそも、人体は個体差も大きく、環境も因子も同じサンプルを得にくい。少ないサンプルだけで、医学的理論の汎用性を簡単に結論づけることは難しい。

仮説は、どこまでいっても仮説にすぎない。これは物理学も同様である。ビッグバン理論にしてもあくまで現時点での仮説にすぎず、いずれ覆《くつがえ》される可能性は常に残されている。

さらに、ものごとに対する評価は、時代の推移につれて異なる価値観によって測られることとなる。これも、「予測が外れる」ことの背景にある。ＦＲＢ議長として、在任時には

「マエストロ」と称されたアラン・グリーンスパンも、世界金融危機後は一転、彼が深刻な経済危機を引き起こした張本人だとみる向きがでてきた。

今日では、事故のリスクや核廃棄物処理の問題等をめぐってすっかり「問題児」扱いとなっている原子力発電所も、当初は「クリーンで膨大なエネルギーをもたらす夢の発電装置」としてもてはやされていた。

二〇世紀最高の物理学者と呼ばれるロバート・オッペンハイマー（一九〇四〜一九六七）も、原子力開発を主導したことで、開発後は自らを「悪魔」と称し、後悔の念に駆られたまま世を去った。

このようにみていくと、予測が外れるということは、何も経済学特有の事象ではないことがわかる。にもかかわらず、経済学ばかりが、「予測が当たらない」という批判を浴び続ける。それは、他の学問に比べて、短期的に結果が可視化されやすい、ということが関係している。たとえば医学理論であれば、膨大なサンプルと長い年月にわたるトラッキング（追跡調査）が必要であるが、経済は当たり外れを短期間で見定めやすい。

また、儲かる儲からない、といった経済現象に対して、人々が強い関心を持っていることも一因であろう。経済学や、そこから派生したファイナンス理論は、家計に直結しうる。他の学問に比べて、通俗的だとも言える。「あんたが言った通りに投資したのに、期待外れな結果に終わった」と非難の対象になることも少なくない。個人の資産運用に結びつくため、投資の失敗がファイナンス理論の責任とされがちなのである。

しかし、経済学に限らず、学問に基づいて打ち立てた未来予測は、さまざまな要因がからんでしばしば外れるものなのである。経済学に関しても、過度な期待はせず、前述の「美しい数式」同様、あくまで経済動向を大枠で捉えるガイドラインとして活用していくのが、正しい態度なのではないだろうか。

現実経済が存在し、したがって何らかの経済的意思決定をしなければならない限り、経済学のフレームをベースに分析せざるをえない。インフレやデフレ、好況や不況といった経済状況は、好むと好まざるとにかかわらず、政府や経営や家計の意思決定に直結してくる。こうした経済状況を読み解くツールとして、経済学に代わるものは存在しない。経済学が不完全であるからこそ、経済学を通じて国家と市場の動きを考え続けることこそが、個々人に求められているのである。

「経済学は役に立たない」と決めつけ、切り捨てる前に、先に掲げた五つの視点に基づきながら、まずは経済学を虚心坦懐に俯瞰してみていただきたい。日々の仕事や現実生活に活かせるなんらかのヒントが、そこからは必ず浮かび上がってくるはずである。

第3章　資本主義ゲームを生き抜くための処方箋

＊

人生に悲劇は二つしかない。ひとつは、金のない悲劇、そしてもうひとつは、金のある悲劇。世の中は金だ。金が悲劇を生む。

二〇〇七年に公開されたTVドラマ『ハゲタカ』（NHK）で印象的に差し挟まれていたナレーションである。

このドラマは、真山仁《まやまじん》の小説を原作としたもので、一九九〇年代終盤から二〇〇〇年代にかけて、日本の銀行が不良債権に苦しむ中、外資系ファンドが日本企業を買い叩いていくさまを、屍肉《しにく》を食い漁るハゲタカになぞらえてリアルに描いた。金や地位が幸福を保証してくれると言ってはばからない登場人物らはいずれも、運命と資産の浮き沈みに翻弄《ほんろう》されていく。これらはむしろ、人間を縛りつけるものにすらなりうる。あるのはただ、万人の上に繰り返し等しく訪れる多幸感と憂鬱感のみ。このギャンブルにも似た躁鬱こそが資本主義の特徴である。

このような資本主義に、果たして幸せな未来などあるのだろうか。

経済学者の水野和夫は、グローバル資本主義に疑問を呈する一人である。『資本主義の終焉と歴史の危機』（集英社新書）をはじめとする自らの著書や、社会学者の大澤真幸との対談（『資本主義という謎』〈NHK出版新書〉）で、機能不全を起こしている現在の資本主義のあり方について、さまざまな角度から問題を抉《えぐ》り出している。

水野は長らく証券会社でエコノミストを務めてきた。資本主義にどっぷりと浸かった水野が、「資本主義はこれでいいのか」という疑問に囚われているのは、事態の深刻さを物語っている。

経済学者の中谷巌《なかたにいわお》もまた資本主義の内部告発者である。『資本主義はなぜ自壊したのか』（集英社インターナショナル）で以下のような警告を発している。

今にして振り返れば、当時の私はグローバル資本主義や市場至上主義の価値をあまりにもナイーブに信じていた。そして、日本の既得権益の構造、政・官・業の癒《ゆ》着《ちゃく》構造を徹底的に壊し、日本経済を欧米流のグローバル・スタンダードに合わせることこそが、日本経済を活性化する処方箋だと信じて疑わなかった。

だが、その後におこなわれた構造改革と、それに伴って急速に普及した新自由主義的な思想の跋扈《ばっこ》、さらにはアメリカ型の市場の原理の導入によって、ここまで日本の社会がアメリカの社会を追いかけるように、さまざまな副作用や問題を抱えることになるとは、予想ができなかった。


中谷もまた、かつては新自由主義的政策を強力にすすめてきた人間であるからこそ、問題点が浮き彫りに見えるのだろう。マンハッタン計画のリーダーでありながら、原爆投下後に罪悪感に苛《さいな》まれたオッペンハイマーにも似た話である。

瀕死の状態にある資本主義という阿片窟《あへんくつ》から抜け出す道はありうるのか。抜け出せないとしても、現行の資本主義の中で巧みに生き延びていく道はないのだろうか——。

この章では、資本主義の次の可能性も視野に入れつつ、過酷な資本主義社会を生き抜くための糸口を模索していきたい。

1　資本主義はやめられないのか

禁断の資本主義

「明日から資本主義を放棄する」と宣言されたとすれば、たとえ衣食住が保証されるとしても、ほとんどの人が抵抗を示すはずである。「資本主義、やめないでくれ」との懇願の声が、このシステムに対する不平や不満を声高に訴えていた人々の間からでさえも聞こえてくるにちがいない。それは資本主義に取り憑かれた人々の断末魔の叫び声である。

資本主義は人々を魅了する。資本主義は人々に夢を見させる。身分や出自に関係なく、富やそれに伴う社会的なステータスを手に入れられるかもしれない。そういう夢を資本主義は見させてくれる。

ナポレオン・ヒルの古典的名著『新・完訳 成功哲学』（アチーブメント出版）は、世界で最も読まれている自己啓発書のひとつであるが、その中に、以下のような一節がある。

> アメリカに住んでいる人たちの大半は、この国やその資本主義制度などすべてが気に入っている。白状すれば、私はアメリカ以上に富を蓄積する大きなチャンスのあるすばらしい国を知らない。（中略）アメリカには、誠実な人なら誰でも得られるはずの富を蓄積するあらゆる自由あらゆるチャンスが存在している。人は楽しさを味わおうと狩りに出かけるとき、楽しさに溢れた狩猟場を選ぶ。富を求めるとき、これと同じルールが当てはまるのは当然のことだ。【1】（傍線は引用者による）

狩猟には飢えも寒さもつきものだ。遭難や落命の危険すらある。しかし、獲物を狩る楽しさを前に、こうした危険は忘れられる。

資本主義という仕組みを通じてひとたび味わってしまった高揚感や興奮を、人類は簡単には手放すことができないだろう。禁煙を誓った人間が「最後の一本」を何度でも口にくわえてしまうように、また、スマホ中毒を自覚しながら現代人の多くが無意識にスマホをスワイプするように、資本主義のない世界を人々はもはや想定しえない。

資本主義の危険性に、人々が無自覚的であるもう一つの理由としては、資本主義が強靱な理論武装を備えていることがある。

同一の議題に対して、肯定側と否定側とが議論を戦わせるディベートでは、「ターンアラウンド」と呼ばれる技術が駆使される。「そうだとすると、むしろ我々の主張が正しいことになりますよね」と、相手側の主張や論理を、そっくりそのまま自陣営の主張に反転させてしまう高度なテクニックである。資本主義をめぐる議論においては、この「ターンアラウンド」が実に多用されている。

リーマン・ブラザーズの経営破綻から連鎖的に引き起こされた世界金融危機は、資本主義システムの危うさを露骨に炙《あぶ》り出したものだったはずだが、資本主義は、否定されるどころかむしろ肯定された感すらある。

資本主義を否定する側としては、これらの事件の裏側にあったミスプライシング（不完全な情報に基づく売買を通じて、証券価格が本来価格から乖離《かいり》してしまう現象）や、リスク計量モデル（金融取引における損失発生の程度を予測するモデル）の不全を追及しようとした。あるいは国際的に膨張したデリバティブ経済の脆さを指摘したものであった。だが擁護側は、ターンアラウンドでこれに応酬した。

市場不全を解消するためにも、経済学や金融工学の精緻化を、あるいはシステミックリスクの監督体制をさらに洗練させなければいけない。こうした仕組みがより高度になれば、問題は発生しなくなるはずだ――。擁護側はこのように主張する。だからこそ、資本主義はより発展しなければならないし、発展するはずである、と。

これはまさに、「ターンアラウンド」にほかならない。このようなロジックでねじ伏せられた否定側――すなわち大多数の人間は、「なにかがおかしい」と感じる。しかし経済学が駆使するのは、〈コラム　経済学を理解するためのガイドライン〉で述べた通り、無数の複雑な数式に彩られた、ロケット工学さながらの高度な論理である。

これ以上、否定側は有効な反論をすることはできず、論戦は資本主義の肯定で終わるのである。

アメリカと旧ソ連の共通点

さらなる問題として、資本主義には、オルタナティブ（代替案）がみつからないことが考えられる。資本主義のオルタナティブと聞いてまず思い浮かぶのは共産主義であろうが、共産主義を標榜している中国ですら、実質は資本主義的に国力を増強し、資本主義の生みの親とも言えるアメリカとの覇権争いを繰り広げている。もはや人々はオルタナティブを想像することすら放棄してしまっている。

佐藤優が、外務省職員としてロンドン郊外でロシア語研修を受けた頃の体験を綴ったエッセイ『亡命者の古書店─続・私のイギリス物語─』（新潮文庫）には、佐藤が、英国海軍将校でソ連通のテリーと、その恋人であるクリスと交わしたこんな会話が挿入されている。共産主義と資本主義が、国家権力の強化を図る点で、結果として似通った世界観に至っている。少し長いが引用する。

「どうしてアメリカもソ連も、自分の国の歴史に世界史が収斂されるというような発想を持つのだろうか」と私（佐藤のこと。引用者注）が尋ねた。

「ソ連の場合、唯物史観から必然的に世界的規模で共産主義革命が起きるから、そういう歴史観になるのだろう」とテリーが答えた。

「しかし、現実のソ連はとても国家主義的だ。世界的規模での共産主義革命なんか考えずに、ソ連の国益を極大化することだけを考えていると思う」と私は言った。

「その点は、アメリカも同じだよ。レーガン大統領の世界観を見てみて。自由とか民主主義を本気で信じているとは思えないわ。アメリカの利己主義的な利益を追求しているだけ。それだから、アメリカは世界中から嫌われるのよ。アメリカもソ連も結局、社会進化論的な世界観に立っているのよ」とクリスが吐き捨てるように言った。

「社会進化論？」

「そう。ハーバート・スペンサー流社会進化論よ。競争の過程で強い者が生き残り、弱い者は淘汰されるという発想。アメリカ人もロシア人も進化論の虜になっている。ほんとうにバカバカしい競争をしていると思うわ」[2]（傍線は引用者による）

国家権力を否定している共産主義も、国家からの自由を勝ち取るために生み出された自由主義も、ともに同じような方向に向かっているという指摘は興味深い。突き詰めると自国利権の増大に突き進んでしまう。

たしかに、共産主義や社会主義は、資本主義の代替案ではあったかもしれないが、経済制度としてのそれが成功した例はなく、いずれも最終的には資本主義に染まっていった。この事実は、資本主義のオルタナティブな可能性を探る困難さを物語っている。

ポスト資本主義の難しさ

そもそも、資本主義の替わりとなる社会体制を人為的に「設計」することには無理がある。社会は単一の要因で成り立っているものではなく、複雑に絡み合った無数の変数によって成り立っている。それらの変数をすべて列挙し、その影響関係や結果を正確に検討して設計することは難しい。

将来予測は、かえって想像の範囲を狭める危険性があるように思える。たとえば、人工知能がこれほどまでに急速に発達し、社会に浸透することを、三〇年前の誰が予想しえただろうか。人為的な制度設計はこうした外部環境の変化を正確に反映できない。

話題をさらった斎藤幸平の『人新世の「資本論」』（集英社新書）が掲げるポスト資本主義の社会モデルもまた、多くの混乱した議論を生み出している。

斎藤はマルクス経済学の研究者として、マルクスの『資本論』を、環境問題を切り口に再解釈している。『資本論』という古典を、きわめて現代的な、しかし本質的な環境問題と結びつけた点はおもしろい。斎藤が指摘する通り、気候変動の元凶を作ったのは、あるいはこれをいっそう顕在化させているのは、まさに資本主義であると私も思う。

また、現行の資本主義を改良するだけでは、問題の根本的な解決にはならないことを世に知らしめたという点も評価できる。

しかし、斎藤の提唱する未来にはどこか実現性が乏しい感じがする。

斎藤がマルクスを援用して提唱しているのは、経済成長に依存することなく、誰もが豊潤な自然の恩恵にあやかることで豊かになることを目指す「脱成長コミュニズム」である。そこではまた、ケアをはじめとするエッセンシャル・ワークも重視されなければならない。本当に必要とされている仕事である、という意味で、マルクスの言う「使用価値」に根づいた労働だからである。

逆に、概して高給ではあるが「使用価値」の乏しい仕事――マーケティングや広告、コンサルティング、金融業や保険業などは、駆逐《くちく》されるべき「ブルシット・ジョブ」とみなされている。

ブルシット・ジョブとは、第2章でも触れたデヴィッド・グレーバーの著作に基づく表現であり、「クソどうでもいい仕事」のことである。

斎藤が挙げるような業界の仕事がすべてブルシット・ジョブであるかどうかはともかくとして、こうしたコンサルティングなどの業界内部にブルシット・ジョブが生じやすいのはたしかに事実である。しかし肝心なのは、ブルシット・ジョブの撲滅に努めることよりも、なぜブルシット・ジョブが発生するのかを究明することではないだろうか。斎藤の論議には、この視点が欠けているように思える。

私は、ブルシット・ジョブは産業資本主義のあり方と深く関係していると考えている。産業資本主義社会は、労働力を源泉とした利潤によって成り立っている。そのため、資本家や経営者は、できるだけ安価な労働力を求める。

しかし、たとえば投資銀行やコンサルティング・ファーム、あるいは製薬などの多国籍企業には、十分な利潤がある。仮に内部でブルシット・ジョブを生み出していたとしても、会社全体から見れば大したコストにはなっていないため、こうした仕事を見直すインセンティブがないのである。このような背景をもつブルシット・ジョブを個別に挙げて、いくら糾弾したところで、資本主義が続く限り、ブルシット・ジョブは生まれ続けるのではないだろうか。

また、ブルシットかどうかの基準も曖昧《あいまい》である。たとえば斎藤は、「現在高給をとっている職業として、マーケティングや広告、コンサルティング、そして金融業や保険業などがあるが、こうした仕事は重要そうに見えるものの、実は社会の再生産そのものには、ほとんど役に立っていない」と述べている。【3】

経営コンサルティングは、さまざまな企業の個別具体的な事例の積み上げからひとつの抽象的なモデルを抽出し、別の企業の課題解消に適用するという知的な試みである。こうした営為を十把《じっぱ》ひと絡《から》げにブルシット・ジョブとするのであれば、斎藤や大澤のような学者の仕事もまたブルシット・ジョブということができるのではないだろうか。[4]

さらに、斎藤が成功例として挙げている市民参加型の政治運動にも疑問が生じる。斎藤は、バルセロナが二〇二〇年に発表した「気候非常事態宣言（二〇五〇年までの脱炭素化宣言）」が新自由主義的な政策に反旗を翻《ひるがえ》す革新的な取り組みであること、市民や共同組合の提言に基づいていることを高く評価している。この宣言成立の背景には、地域密着型市民プラットフォーム政党（バルセロナ・イン・コモン）の躍進があった。党の中心となった反貧困運動の社会活動家は、バルセロナ市長に就任している。[5]

しかし、このような市民主導型の政治運動が、果たして永続的に奏功するのだろうか。この疑問において、私は、フランス革命を批判したエドマンド・バークの保守主義に近いスタンスである。バークは英国の政治家で、フランス革命を拙速で危険なものと見なした。社会的伝統を破壊する急進的な革命に対して、バークは厳しく警鐘を鳴らしたのである。[6]

そもそも、ポスト資本主義の議論は、主に二つの立場からなされている。一つは、斎藤のような学者による理論的批評である。しかし、これらの学者は資本家でも労働者でもなく、資本主義社会において例外的な立場にあると言える。そのため、実践的視点に欠けるので、理論と現実のつながりが課題となる。同じ学者であっても、むしろ水野や中谷のような、資本主義内部で活動してきた人物の視点を重視するべきであろう。精通した内部者の視点には、資本主義システムを根本的に変革する可能性が秘められているのかもしれない。

もう一つの立場は、資本主義に不満を抱く一般市民による運動である。実践的である反面、感情的な反資本主義思想に偏るケースも見られる。例えば、ある社会活動家が「ビニール袋が有料になるなんて、資本主義のせいだ」と語っていたが、その主張は資本主義の構造を十分に理解しているようには感じられなかった。自由・平等を掲げたフランス革命は、結局はジャコバン独裁とナポレオン帝政に取って代わられた。反資本主義的な活動が奏功したとしても、フランス革命と同じ展開に陥る危険性は否定できない。

斎藤が掲げる、脱成長コミュニズムに基づく新しい社会モデルは、資本主義の魅力を見落としている感もある。大澤真幸も、斎藤の提唱する社会のあり方に大枠では理解を示しつつも、『新世紀のコミュニズムへ』（ＮＨＫ出版新書）で以下のように指摘している。

だが、脱成長コミュニズムは、いかに正しくても、なお問題がある。はっきり言えば、それは魅力に欠ける。人を惹きつけるものがない。どんなに正しくても、最終的には、人の自然な衝動と順接しなければ、その思想は、抑圧的なイデオロギーに転化してしまう。[7]（傍線は引用者による）

前述した通り、資本主義は、（まやかしかもしれないが）富や自由という夢をみさせてくれる点で、人々の欲求と強固に結びついている。資本主義から逃れようとして、性急な未来創造を試みると、かえって資本主義の魅力に足を掬われてしまいかねない。支配者打倒を掲げた民衆のヒーローが強権を振るい、貧困から抜けだした成金がかえって貧困層に冷酷になる、という逆説はどこにでもみられる。

理想を想像するのは自由だが、想像も度を過ぎれば創造となる。神になり代わって世を創造することは不可能である。ともすれば創造しようとする思想がテロリズムを助長してしまう危険性すらもある。

提言をうのみにして信奉する人々が現れて、「この考え方を広めれば、世の中は必ずよくなる」といった形で、提言がいわば経典化し、ファシズムに近い世界観が醸成されるなどの恐れがあるのである。

ただし、斎藤の掲げる「脱成長コミュニズム」というアイディアを、まさに「机上の空論」として残しておくことには意味があるように思える。

資本主義問題の根幹は、誰もがそこから逃れられないという閉塞感や絶望感を突きつけられていることにある。その意味では、「こうすればここから抜け出すことができる」机上の空論的な存在——資本主義の代替物として想定しうる別様のモデルやアイディアの可能性を、大切にしなければならない。

「評価経済社会」という可能性

ポスト資本主義からの抜け出し方を、もう少し単純化して考えることもできる。資本主義の礎《いしずえ》となるのは貨幣による交換であるが、逆に言えば交換手段である貨幣を無効化さえしてしまえば、我々はいつでも資本主義の息の根を止めることができる。

これは現実的に起こりうる。たとえば、人類の文明社会を崩壊させる規模での自然災害は、貨幣を無効化しうる。実物にせよ、データにせよ、貨幣が災害で破壊されて藻屑《もくず》と化せば、資本主義は交換手段を失うため、リセットされざるをえなくなるだろう。

しかしながら、これもまた後ろ向きな「空論」である。先の斎藤の「脱成長コミュニズム」も含めて、こうした「空論」は、人々を未来へ向けて力強く牽引していく魅力に乏しい。大澤の言う「人の自然な衝動」とただちに結びつくようななにかを持った、ワクワクするような未来社会は、資本主義社会以外にはありえないのだろうか。

「人の自然な衝動」とは、即物的な金銭欲のみならず、性愛や隣人愛かもしれないし、他人からの承認欲求かもしれない。闘争心かもしれないし、希少性を求める蒐集かもしれない。

あるいは、岡田斗司夫《としお》が提唱する「評価経済社会」はどうだろうか。「いかにしてお金を稼ぎ、豊かになるかをめぐる競争が繰り広げられる従来の社会が貨幣経済社会だとすれば、現代は、いかにして人の注目を集め、影響力を持つのかが問われる評価経済社会への移行期にある」と岡田は指摘する。[8] 評価経済社会は、胸躍るポスト資本主義社会としての可能性を示唆しているのかもしれない。

評価経済社会の担い手として注目されるのは、ユーチューバーをはじめとする動画投稿者である。一般の視聴者に動画がどれだけ観られているか、つまりどれだけ評価されているのかが、一般人である彼らの動力源となっている。

二〇二三年の調査で、中学生が将来なりたい職業として、「ＹｏｕＴｕｂｅｒ、Ｖｔｕｂｅｒなどの動画投稿者」が、男子では第三位、女子でも第八位にランキングされた。[9] ネット上で注目を集める投稿者やインフルエンサー的な存在が、若年層の憧れの的となっているのである。

ユーチューバーやインスタグラマーが興味深いのは、その投稿目的が、必ずしも金銭のみではないことにある。もちろん、ユーチューバーの中には広告収入をあてにしている人もいるだろうが、それだけが動機であるとは思えない。「いいね！」やチャンネル登録者、あるいはビューアーの数を通じて、承認欲求を満たしているユーチューバーは少なくない。

自らの意義深い経験などを他者に伝えて役立ててほしいといった「贈与」的な欲求、自らの価値観をだれかと共有したいといったコミュニティ形成欲求などに動機づけられている。

たとえば、長年、大学や予備校などで数学の教鞭を執《と》ってきた長岡亮介は、「長岡先生の数学」[10]で高品質な講義を無料公開している。長岡の目的は、決して金銭だけではないだろう。

ただ一方で、ユーチューバーの多くが、動画を公開することを通じて得られる広告収入を生活の原資としていることも、忘れてはならない。承認欲求を満たすだけでは、彼らも飯を食っていくことはできないのである。こうして、贈与的にはじまったＹｏｕＴｕｂｅコミュニティは、放っておくと商業主義に移行していくであろう。

評価経済が貨幣経済に取って代わる可能性は、現時点では低いと言わざるを得ない。評価経済を提唱している岡田斗司夫も、「評価経済が貨幣経済の上に乗っかるだけ」と見立てている。[1]

現在、ＹｏｕＴｕｂｅが評価経済の駆動力のひとつとして機能しえているのは、投稿者への評価を、広告収入という形で金銭に換算する、いわば取引所機能が担保されているからにすぎない。彼らは、ＹｏｕＴｕｂｅをはじめとするソーシャルメディアを活用して知名度を高め、支持を獲得しているという意味で、資本主義的な利益獲得をコミュニティに代替させている。それこそが評価経済の根幹でもあるが、結局のところ、彼らの収益は、資本主義に基づくなんらかの取引機能に依存しており、本当の意味で自立しているわけではない。しかし、「評価」という非金銭的な価値が、将来的に資本主義のオルタナティブになる可能性はあるだろう。

「カジノ資本主義」という可能性

もうひとつ、私がポスト資本主義の可能性として考えてみたいのは、本物の「カジノ資本主義」である。

「カジノ資本主義」とはイギリスの国際政治学者スーザン・ストレンジ（一九二三〜一九九八）による造語で、グローバル資本主義の仕組みをカジノに喩《たと》えたものである。[12] 偶然に左右されうる貨幣経済を投機対象としている資本主義の実態を、カジノと同一視している。[13] カジノの胴元のことを「バンカー」や「ハウス」と呼ぶが、これが銀行家（バンカー）や証券会社（ハウス）に由来していることを考えても、カジノと資本主義は類似した仕組みであることがわかる。

本来のカジノは、参加者全員に対して公平な娯楽の場を提供するものである。アナロジーで考えれば、資本主義社会にも公平性が担保されるべきであろう。しかし、実際にはそうともいえない。

第1章で見たように、資本主義は、中世までの固定された身分の壁を壊す方向を目指していた。このことを念頭に置くなら、公平性の担保はなおのこと重要になる。あらゆる人が、身分や性別と関係なく自由に出入りし、リスクテイキングを楽しめる――誕生時点で期待されていた資本主義社会とは、そういうものであったはずである。

しかし、現代の資本主義社会は、この意味での公平性を欠いている。偶然性に依存しているという点ではカジノに似てもいるが、資本主義はプレイヤーが複雑であり、様々な不公平性や非効率性が存在していることは否めない。

一部の投資家や金融機関、あるいは国家など、特権的地位を享受している主体を「金融マフィア」と揶揄することがある。「カジノ資本主義」のゲームにおいては、不動産を含む金融関連の情報が、もちろん適法の範囲内ではあるものの、いち早くこれら金融関係者に流れ込みがちである。

一般企業は易々と潰れるが、金融機関や特定企業においては、「大きすぎて潰せない」となる。ここに税金が投下される。また現行の資本主義では、その仕組み上、金融のみならず、多額の広告費を出すスポンサーにとって都合の悪いニュースは流れにくい。たとえ直接指示ではないにせよ、ある程度の言論統制はおこりうる。

もしこうした不公平さを排し、本当の意味で誰もが公平にチャンスを掴めるような形での「カジノ資本主義」が実現するなら、現在の資本主義はよりよいものになりうるのかもしれない。

評価経済にせよ、（本物の）カジノ資本主義にせよ、現実には、このような代替の可能性はどれだけあるだろうか。いずれ資本主義システムは何かに変わるであろうが、それは五年後かもしれないし、五〇年後かもしれないし、五〇〇年後かもしれない。また、革命家ならともかくとして、ひとりひとりの市民に何かできるわけでもない。

しかし、これらの変化の方向性を複数想定しておくことには価値がある。変化に流されるのではなく、変化を勝機にすることができるかもしれない。これは企業人としても個人としても、必要な準備である。

そして、斎藤の掲げる「空論」や、私の示した代替可能性を片目で見据えつつも、差し当たっては、資本主義が今後も続くという前提のもとで、個人として生き抜くことが求められる。

次節では、個人として生き抜くという課題において、対処方法に踏み込んでいきたい。

2　個人としてどう生き抜くか

従業員、自営業者、経営者、投資家

資本主義社会を巧みに生き抜いていくには、資本主義を知悉《ちしつ》した上で、足元を掬われないようにすることが最低限求められる。個人にとっての資本主義における目的とは、一言で言えば、「より多くの収入を得る」ことである。個人としては、まずこの目的をしっかりと見つめなければならない。

そこで、アメリカの投資家ロバート・キヨサキが掲げる「キャッシュフロー・クワドラント」を紹介したい。キヨサキは『金持ち父さん貧乏父さん：アメリカの金持ちが教えてくれるお金の哲学』（筑摩書房）などのベストセラーで知られる。「キャッシュフロー・クワドラント」は、「お金がどこから入ってくるか」に着目して、経済人をタイプ別に四象限《クワドラント》に分類したものである。

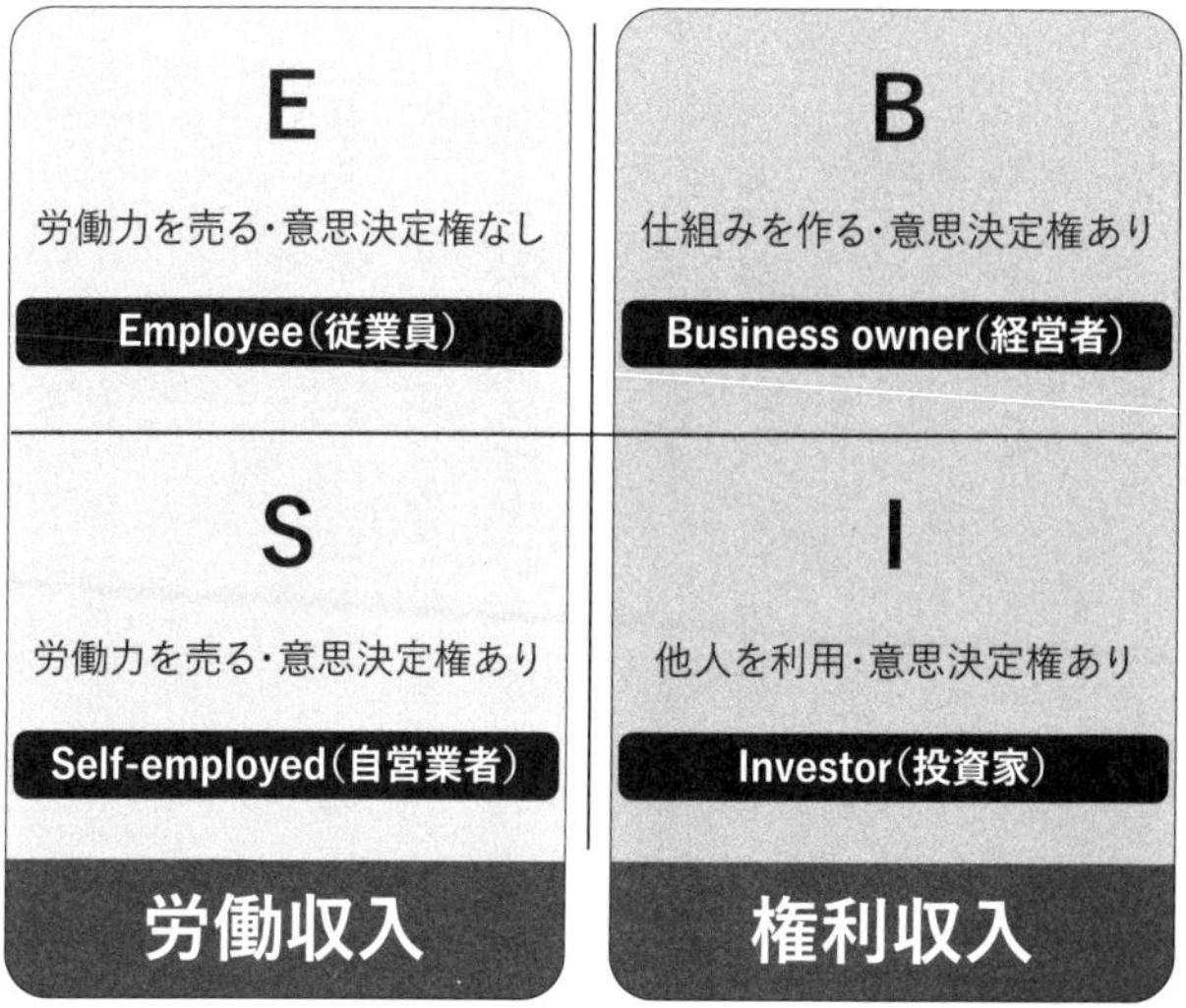

「キャッシュフロー・クワドラント」（『改訂版 金持ち父さんのキャッシュフロー・クワドラント』筑摩書房、2013年、p.25を基に作成）

　四象限とは、E（employee＝従業員）、S（self-employed＝自営業者）、B（business owner＝経営者）、I（investor＝投資家）である。収入を得ている人は必ず、このうちのいずれかのタイプに属している。

　上の図を見ていただければわかる通り、四つのグループはさらに、左側のE、Sと、右側のB、Iに分けることができる。キヨサキは、「経済的自由」を手に入れるには、クワドラントの右側、すなわちB（経営者）やI（投資家）として権利収入を得ることが近道であると主張している。

ただ、キヨサキも、E（従業員）やS（自営業者）のような生き方を否定しているわけではない。お金を手に入れるに際して、権利収入、労働収入それぞれの道に違うやり方があると述べている。

EやS（従業員や自営業者）は「貧乏・負け組」であり、BやI（経営者や投資家）が「金持ち・勝ち組」であるという解釈をする人がいるが、これは誤解である。E、S、B、Iの四象限は枠組みであって、上下のある「階層」ではない。E→S→B→Iの順に成長していくことが望ましいという読み方は必ずしも正しくない。E（従業員）として成功する人もいれば、I（投資家）として失敗する人もいる。キヨサキ自身も「どのクワドラントにも、大金持ちになる人もいれば破産する人もいる。あるクワドラントに属しているからといって金銭的な成功が約束されるわけではない」[14]と述べている。つまり、E、S、B、Iそれぞれにおいて勝ち筋があるのである。

「使う側」と「使われる側」

「使う側」と「使われる側」とで、生き抜くための処方箋は大きく違ってくる。

「使う側」とは、キヨサキのキャッシュフロー・クワドラントで言う右側のＢ（経営者）、Ｉ（投資家）のことであり、「使われる側」とは左側のＥ（従業員）、Ｓ（自営業者）に当たる。キヨサキのいう「権利収入」と「労働収入」の違いは、言いかえれば、「(人を) 使う側」と「(人に) 使われる側」の違いでもある。

Ｓは独立した自営業者なので、「使われる側」に組み入れることに違和感を覚える人もいるかもしれないが、自営業者の多くは従業員を雇い入れず、個人として業務を請け負っている。業務を委託する側、つまりお金をくれる側の勝手な都合に振り回されることが多く、その意味では、Ｅ＝従業員と同じく、「使われる側」に属する。

私も自営業者として働いた経験があるが、多少、上司と揉めたとしても毎月一定の収入が確保されるＥ＝従業員と違って、自営業者は、委託元の機嫌をそこねれば、すべての収入を失ってしまう。自営業者こそが、実は取引先を含むビジネスパートナーにおもねる必要性が高いのである。「上司に媚びへつらうのが嫌だから独立したいけど、独立したらもっと媚びないといけなかった」と気づく自営業者は少なくない。

「使う側」としての難しさ

「使われる側」が勤務する企業や取引先からいかに身を守るかが大切であるのは当然のこととして、「使う側」は「使う側」で、自らの身を守る手立てが必要になる。資本主義を一種のマネーゲームと捉えるなら、きれいごとばかりを言ってられない。

「使う側」としては、第2章で述べたように、果敢にM&Aを繰り返して自らの経営する会社の時価総額を上げ、その会社を売却して一攫千金を実現するというのもひとつの方法である。また、労働力をうまく使って（悪く言えば、うまく「搾取」して）、会社を巧みに回していくことを視野に入れておかなければならない。

このように言うと、日本では経営者の価値観が問われそうなものであるが、「使う側」に倫理を問うというのは、本来おかしなことである。彼らはただ、「より効率的により多くの利益を獲得する」ことを目的とする資本主義のルールに従っているだけであるし、逆に言えばこのルールに従わない限り、自らが経営者として立ち行かなくなる。企業経営に失敗すれば、結果として、従業員や取引先にも迷惑をかけることになる。

スティーブ・ジョブズを目指してはいけない

Ｂ（経営者）を志す人には、Ｅつまり一従業員の立場から昇進して社長にまで登りつめるというルートもなくはないが、それよりは自ら起業する方が近道だろう。

起業というと、誰もが「スティーブ・ジョブズを目指せ」といった方向に構えがちだが、「スティーブ・ジョブズ」を目指すという取り組みは、二つの意味で間違っている。

第一に、ジョブズにせよ、ジェフ・ベゾスにせよ、あるいは孫正義にせよ、カリスマ経営者と呼ばれるような人々は、ごくひと握りの傑出した能力の持ち主なのであり、誰もが目指してなれるものではない。

第二に、〝宇宙をへこませる〟ようなアイディアは簡単には生まれない。世界を変えるようなアイディアでジョブズを目指すよりも、むしろ確実な利潤確保を目指した方が、起業としては成功しやすい。

実際の成功企業事例を見ても、誰でも思いつきそうな、ありふれたアイディアで手堅く展開することで、目を見張るような業績を挙げている会社が少なくない。

ヘアカット専門店「ＱＢハウス」を展開するキュービーネット株式会社などは典型例だろう。単価の安い理髪店のアイディアだけなら誰にでも発想できただろう。しかし、空想にとどめず、アイディアを実行に移した。

設備やシステムを徹底的に合理化し、精緻に原価計算した上で、従業員全員にしかるべき給与を支払って、それでもなお十分な利潤が残る優れたビジネスモデルを構築している。何度も株主が変わり、経営者が変わっても運営できるビジネスモデルとなっている。それがカリスマ経営者による〝宇宙をへこませる〟理髪ビジネスであったならば、赤字の垂れ流しで終わっていたであろう。QBハウスが未来永劫続くかどうかはわからないが、固定化された理髪ビジネスに、結果として鉄杭を打ち込んだことは事実であろう。

最近では、巨大な事業を目指すよりも成功確率が高く、安定性もあるという理由で、事業規模や資金規模の小さいいわゆる「スモールビジネス」を目指すケースが増えている。小規模で堅実な事業を目指すのは、B（経営者）としてのひとつの道であるだろう。

日本の「マイルドヤンキー」と呼ばれる経営者たちも、スモールビジネスに似た立ち位置にある。投資家の藤野《ふじの》英人《ひでと》が著書『ヤンキーの虎　―新・ジモト経済の支配者たち』（東洋経済新報社）の中で取り上げている、東京に憧れを抱かず、地元で経済的な基盤を確保して成功を謳歌しているような経営者のことである。

スティーブ・ジョブズのような地位を目指して起業するのはリスクが高く、成功できるのもごく一部の限られた人だけであるが、一方では、マイルドヤンキーのように、自分が育った地元で、自分にやれることをやって成功している経営者が数多く存在する。こうした経営者を目指す方が、スティーブ・ジョブズを目指すより現実的である。

スティーブ・ジョブズを目指してはいけない、さらなる理由としては、経営者のカリスマ性が強いほど、会社を売却することが困難になる点である。これは第2章の〈「一攫千金教」のためのM&A入門〉で述べた通りである。誰が経営を引き継いでも回していける形にしておかないと、企業価値はかえって下がってしまう。

起業したら、毎年、コツコツと利益を積み上げていき、企業価値をある程度まで高めてから、M&Aで会社を売却することもよいかもしれない。そうすれば、第2章で述べたように、その会社から生み出される利益を何年分も上乗せして受け取ることができる。ただしこの場合、会社を売却できる状態にしておく必要がある。そうでなければ、いつまでも創業者が経営から離れることはできない。

会社を売ったお金を原資にしてI、つまり投資家になるというのが、資本主義ゲームにおけるひとつの勝ち筋ではある。ZOZOを売却した前澤友作、ライフネット生命保険を立ち上げ、会長を勤めてから退任した岩瀬大輔など、B（経営者）からI（投資家）に転身している。
E、S、B、Iは必ずしも連続したコースでないことは先に述べた通りだが、I（投資家）はひとつの到達点である。本田圭佑《けいすけ》など様々な業界における成功者が最終的に投資家になっている。成功した経営者が投資家となることで、資金の出し手となるとともに、経験に基づいた助言を行ない、異業種で培った知見を新規事業に取り入れることが可能となる。
Iとして投資する元手を確保することを想定するのであれば、最終的には会社を売却することを起業時点で想定しつつ、「できるだけ高く売れる会社を作っていく」ことこそが、Bの人にとっても勝ち筋になる。

幸せな経営者とは？

キヨサキの言うB（経営者）とは、起業家・創業社長のことである。企業内部で昇進した、いわゆるサラリーマン経営者とは異なる。Bの経営者の多くは「資本家兼経営者」を指している。しかし、同じ創業社長であっても、どのような起業を目指すのかは、創業までのキャリアによって変わってくる。いわゆる「叩き上げの創業社長」と「スタートアップの起業家」とでは、目指すべき起業の方向性が大きく異なるのである。

たとえば、スタートアップ起業家は、「資本家兼経営者」と言い切れない場合がある。なぜなら、彼らの多くは、複数のベンチャーキャピタルから出資を受けており、経営者とはいっても、株主であるベンチャーキャピタルへのリターンを最大化すべく働いている。この意味で、従業員や労働者に近い側面もある。彼ら経営者に求められているのは、極端に言えば、株主であるベンチャーキャピタルの意向に沿って経営を進めることにほかならない。

もちろん、ベンチャーキャピタルは、経営陣のモチベーションを高めるため、経営者に対して過度な束縛はしない。また、通常は複数のベンチャーキャピタルが共同で投資しているため、特定のベンチャーキャピタルの発言権のみが大きくなることもない。そもそも優秀な経営陣に投資することが目的なので、経営陣に細かく指示することはベンチャーキャピタルの本望でもない。しかし経営者は、株式の大半を握られている以上、経営の大枠についてはベンチャーキャピタルの助言に従わざるをえない。

このベンチャーキャピタルと起業家の阿吽《あうん》の呼吸を可能にするためには、学歴や職歴が一定の機能を果たす。これを経済学的には、「取引コストを最小化させ、プリンシパル・エージェント問題[15]を解決する」と表現する。ベンチャーキャピタルと起業家の双方に海外の名門

ＭＢＡ取得者が多かったり、特定のコンサルティング・ファーム出身者が多かったりするのには、実はこのような背景がある。資本主義社会に適合するための基礎トレーニングを株主も経営陣も積んでいるため、共通の目的と共通の専門性と共通のネットワークを有しており、両者の意思疎通は容易になっている。これを業界用語では「同じ言語で話せる間柄」と表現することがある。

つまり、大規模な投資を必要とするようなスタートアップ起業に際しては、ベンチャーキャピタルが求めることを的確に汲み取って実行することができる、優秀な「翻訳者」としての側面が起業家に求められることとなる。この点を踏まえずに、ＭＢＡやコンサルティング・ファーム（あるいは、日本だとリクルートのような起業家輩出企業）でのトレーニングを受けていない人が、ベンチャーキャピタルを活用して同じことをやろうとしても、うまくコミュニケーションがとれない危険性がある。

新浪《にいなみ》剛史《たけし》に代表される「プロ経営者」——経営者として複数の企業で活躍する人も、この意味ではスタートアップ経営者に近い立ち位置にある。

プロ経営者が実際に何をするかといえば、株主の意向に添った経営である。極端なケースでは、レイオフなどの厳しい判断も求められる。このような時に躊躇《ちゅうちょ》なく資本主義のルールに則《のっと》った方策が取れる人こそ、「いい経営者」と評価される。

一方、いわゆる「叩き上げ社長」は、ここに挙げた高学歴・高職歴の起業家とは異なる。彼らの多くは基本的に自己資金で会社を興している。多少の借り入れはしているとしても、スタートアップ企業とは違って、資金の大半を外部調達するようなことはしていない。逆に言えば、その分、株主や債権者の意向に干渉されず、自分が望む通りに経営を進めることもできるのである。

つまり、こぢんまりと、そのかわり好きなことをやっていくという道が、「叩き上げ社長」の王道となる。自己資金と、せいぜい家族からの資金だけで賄えるような規模のビジネスから始める。一概に比較はできないが、地に根を下ろした小規模ビジネスの方が、短期間での急成長は見込めないものの、経営者としては幸せになれることが多い気もする。

「個人M&A」という幻想

日本人のみならず、世界中のMBA生と話していて、スモールビジネスやスモールバイアウトへの関心が高まっているように感じる。私がMBAを取得した十数年前まではなかった傾向である。日本では、ベストセラーとなった三戸政和《みとまさかず》の著作『サラリーマンは３００万円で小さな会社を買いなさい』（講談社＋α新書）の影響もあるだろう。

この本は、ゼロから起業するのではなく、後継者難に悩む小さな会社を買い取る「個人Ｍ＆Ａ」を行ない、経営に携わってその会社を大きくした上で、最後は売却して大きな収益を手にするような手法を推奨している。こうした「個人Ｍ＆Ａ」（あるいはスモールバイアウト）は、日本や欧州を中心に活発になりつつある。

しかし「個人Ｍ＆Ａ」に実際にどれだけの成功が見込めるのであろうか。

個人Ｍ＆Ａの受け皿として「サーチファンド」がある。[16]サーチファンドとは、ＭＢＡのような優秀な人材に対して、彼らが買収企業を探す間の活動費を提供し、ふさわしい買収先が見つかれば彼らに経営を任せて、一緒に投資していく仕組みである。最終的には、会社の売却という形でリターンを回収するファンドである。

アメリカでは一般的であるかのように日本では喧伝されているのだが、実際にサーチファンドを活用しているアメリカ人はあまりいない。

私がサーチファンドの仕組みを知ったのは、十数年前、シカゴ大学留学中に受けた講義である。たまたまサーチファンドのケースが取り上げられたのだが、それを教える教授自身が、

「こういう仕組みがあるのか」と驚いていた。金融バックグラウンドを持つ学生が多いシカゴ大においてすら、当時は同級生の誰も知らなかった。

もともとは、スタンフォード大学経営大学院のＨ・アーヴィング・グローベック教授が提唱した仕組みである。この概念に基づいてスタンフォード大の卒業生ジム・サザンがノヴァ・キャピタルを立ち上げたのがサーチファンドの誕生だと言われている。前述の通り、将来経営者になりたいＭＢＡ学生が企業を探し（＝サーチ）、資金の出し手（＝ファンド）から出資させ、自らが経営者兼資本家となる仕組みのことである。一九八四年のことであり、すでに四〇年ほど経過している。サーチファンドがアメリカで盛り上がっている気配は今のところない。ただし欧州ではブームのきざしがある。日本でも事業承継という市場機会を背景に、今後発展していく可能性はある。

実は私自身、実際に三〇〇〇万円程度で買える規模の会社を買ったことがあるが、あまりうまくはいかなかった。

この規模の会社だと、通常は、従業員が数名しかいない。その数名でうまく回しているのだけれど、なかなか利益が上がらない。こういう会社を買って社長になったとしても、その途端にもともといた数名の従業員が社を去ってしまい、あとには何も残らない、といった結果になるのがよくある失敗パターンである。

　実際に三〇〇万円程度で会社を買ってしまった人は周りに何人もいるのであるが、全ての経営がうまくいっているとも思えない。うまくいけば不動産投資同様に、安定した現金収入が見込めなくもない。しかし、ちょっとした失敗で、全ての企業価値を失う危険性がある。よくM&Aで詐欺被害が特集されるが、私からみれば、財務や法務の基礎知識が欠損している。少なくともMBAレベルの会計、ビジネス知識に加え、弁護士と交渉できるレベルの法務に精通しておく必要はあるだろう。自らB、すなわち「使う側」の経営者になろうと思うのなら、こうした失敗をしないために、あらゆるリスクを想定した上で、投資や経営を行なう必要がある。

「しょぼい起業」という選択肢

　いずれにしても、起業するに際しては、過度な気負いを抱いたり、高邁な理念を掲げたりしないようにする方が安全であると私は考えている。借金を抱えるのではなく、自己資金の範囲で、なるべく高利益率のビジネスから始めるべきだろう。

逆に言えば、「イノベーション」や「新しい世界」を目指したビジネスは、あまりにも成功率が低い。そもそもこうした聞こえのよいスローガンは、誇大妄想の類《たぐ》いである気もしなくはない。この意味で私は、オリバー・バークマンによる次の見方に賛同する。

> あなたが宇宙をへこませることのできる可能性は、ゼロに近い。「宇宙をへこませる」と言いだした本人のスティーブ・ジョブズでさえ、見方によっては宇宙に何の影響も与えていない。もちろんiPhoneは、僕やあなたのどんな業績よりも長く後世に伝わるだろう。それでも、宇宙的視点から見れば、そんなものは現れては消えていく瑣末《さまつ》なものごとのひとつにすぎない。[17]（傍線は引用者による）

デンマークの心理学者であるスヴェン・ブリンクマンも、著書『地に足をつけて生きろ！加速文化の重圧に対抗する7つの方法』（Evolving）で、現代社会の過剰さ（「もっともっと」を要求する加速主義）を批判的に考察したうえで「地に足をつけた生き方」をすることを推奨している。私も、起業においては、過大な意気込みと資金調達に基づくよりも、堅実なビジネスの方が望ましいと思う。

この意味で、これから起業するのであれば、えらいてんちょうの著作『しょぼい起業で生きていく』（イースト・プレス）や、先にも挙げた藤野英人の『ヤンキーの虎—新・ジモト経済の支配者たち』が参考になるであろう。

「しょぼい起業」とは、身の回りのちょっとした改善点をもとに、初期費用や固定費用を抑えて起業する手法を指す。誰からも尊敬されないかもしれないし、社会へのインパクトは低い。しかし、起業リスクは極めて低い。

先述の『ヤンキーの虎—新・ジモト経済の支配者たち』が推奨しているのは、地方に焦点を当てた起業である。これもまた、自分たちの地元において、「何かできないか」という発想から着手していくビジネスモデルである。

初めから立派な事業計画があったわけではなく、身の回りの面白そうなことに手を出していった結果、中堅企業に成長する例は枚挙にいとまがない。「しょぼい起業」や地方での起業を、社会へのインパクトがないものとして下にみる向きもあるが、こうした見方は間違っていると思う。現在は目覚ましい存在感を示している企業も、最初はみんなしょぼくてローカルなビジネスを起点としていた。

たとえばリクルートにしても、最初は東大の学生広告というニッチなところからスタートしている。同社はこれだけ巨大化していても、「世の中にどういう〝不〟があるか」という地に足をつけた視点を重要視している。〝不〟とは、不満・不安・不足・不便・不快・不都合などの総称である。身のまわりの小さな点に目を向けているという意味では、同社もまた「しょぼい起業」の集合体だともいえる。

顧客からの搾取

B（経営者）が肝に銘じておかねばならないのは、再三強調している通り、「いかに安定的に搾取するか」という視点である。資本主義ゲームの中で、手段はどうあれ、利益を最大化することこそが経営者にとって唯一の生き残り策であることを思えば、この視点は避けては通れない。

「搾取」のベクトルは、顧客と従業員の双方に向かいうる。すなわち、顧客には「より多くを支払わせること」、従業員には「より少ない報酬で満足させること」が肝要となる。もちろん、最も望ましいのは、顧客や従業員とWin-Winの関係を築くことであり、この場合、一般的な意味での「搾取」には当たらないだろう。

しかし、ここで強調しなければならないのは、Win-Winの理想状態が築けない場合、相手に損をさせてでも自分や自社が生き残ることが求められる（すなわちWin-Loseとなる）ということである。そして、Win-Loseの状態では、搾取構造がとられやすい。

まず前者――顧客からの搾取について見てみよう。

企業は、あの手この手で顧客からより多くの代金を支払わせるべく努力している。しかも、なるべく顧客の「内発的動機づけ」（第2章参照）によって支払わせたい。顧客が自らすすんでその対価を支払いたくなるよう仕向ける、ということである。これがマーケティングの基本となる。価格体系を意図的にわかりにくくすることも、しばしば講じられる手段である。前述の携帯電話のわかりにくい価格構造はその典型例だ。

実はこうした価格をみえにくくする手段は、資本主義のごく初期の段階から、企業活動に組み込まれていた。第1章で触れたミシシッピ・バブルを思い出してほしい。一八世紀のフランスで起きた株価の乱高下で多くの人が財産を失った。この狂乱の立役者であったスコットランド人ジョン・ローの墓碑銘には、こう綴られていたという。

フランスを破滅させた
たぐい稀れな計画家で
有名なスコットランド人ここに眠る。【18】

一説にはパロディとして流布されたものとも考えられているが、バブルを引き起こしてフランス国外へ逃亡したローに、人々がどんな目を向けていたかが示されている。要するに、「理屈でごまかしてフランス人たちをひどい目に遭わせた」ということである。

ローの才能は、数学などを引き合いに、もっともらしい話を聞かせて、相手を煙《けむ》に巻くのがうまかった、という点にある。話を聞いている方も、実際には理解できていないのだが、理解できたふりをせざるをえなくなるように仕向けられていたのである。

ローを単に詭弁《きべん》家として片づけることは簡単である。しかし、ローの才能を、科学的な理屈でもって緻密に練り上げた事業戦略に基づき、顧客を説得する技術だと考えれば、これは現代マーケティングそのものである。

断っておくが、価格体系をわかりにくくさせて値上げしていくことは、これ自体が問題なのではない。ことにサービス業にとって、価格を上げていくことは生命線である。サービス業は、製造業と違って原価構造が複雑になるわけではないので、顧客に足元を見られやすい。このため、企業にとっては、原価構造を当然のように「見えない化」して、不断の努力によって単価を上げていくことが重要なのである。

「高付加価値化」「ブランディング」などのマーケティング手法は、突き詰めればこの「見えない化」による価格の最大化である。サービス業に限らず、どの企業も等しくこの方向性を目指しているし、またそうあるべきである。

顧客側としては、マーケティングに踊らされるのではなく、その適正価格を冷静に考えなければならない。その上で、商品やサービスを購入することは、個人の判断であり自由である。

従業員からの搾取

また、従業員をいかに安く用いるのか、という視点も、経営者には欠かせない。「搾取」と否定的に言ってしまえばそれまでだが、私はむしろこの「搾取」に肯定的な見方をしている。何度も繰り返すが、利潤を確保することは企業の使命である。そもそも、従業員からすれば、給与がそこで働く唯一の目的だとは限らない。問われるべきは、給与以外のベネフィットを与える仕組みが企業にあるかどうかである。

ひとつには、経営者の人格が重要である。人格というと高尚に聞こえるかもしれないが、これは第2章の〈「一攫千金教」のためのM&A入門〉で述べた「人たらし」のスキルのことである。「この社長についていきたい」というような気持ちを従業員に起こさせることができれば、必ずしも従業員を金銭だけで惹きつける必要はない。

ノーラン・ブッシュネルとジーン・ストーンの著作『ぼくがジョブズに教えたこと』（飛鳥新社）は、伝説のゲーム会社アタリの創業者であるブッシュネルが、アタリ社の四〇人目の社員であったスティーブ・ジョブズに授けたヒントに基づいて、創造的な会社を作り上げる秘訣を五一カ条にまとめたものである。たとえば二五条の「手柄はチームのものと心得よ」をみてみよう。

アップルストアの店員は、安めの賃金で、3カ月で75万ドルも売り上げる。そういう環境をアップルが作りあげたからだ。4万3000人いるアップル社員のうち約3万人がアップルストアで働いており、その給与は年間2万5000ドル程度にすぎない。だが、皆、大喜びで働いているという話しか聞こえてこない。愛国心に匹敵する気持ちがなければできない献身だろう。[19]（傍線は引用者による）

優れた企業には、お金でない「何か」がある。その「何か」で優秀な人を惹きつけている。それを「やりがい搾取」と呼ぶのか、内発的動機づけと呼ぶのか、優れた企業文化と呼ぶのかは解釈の問題であろう。

また、企業のブランドやそこで提供できる経験の質も重要である。きちんと統計を取ったわけではないが、どの業界でも優良企業になればなるほど、他の同業に比べて給与が低く抑えられる傾向がある。

今は異なるかもしれないが、私が新卒として入社した三菱商事も、ＭＢＡ取得後に入社したマッキンゼーも、同業他社に比べると、少なくとも初任給は高くなかった。他社より給与が低くても、そこで得られる経験や、そこで働けるステータスに魅力があれば、優秀な人材は応募してくる。経営者としては、このような採用戦略を目指すべきであろう。

使われる側の戦い方

言うまでもなく、もしもE（従業員）またはS（自営業者）、つまり「使われる側」として生きていこうと思うなら、雇い主（あるいは業務委託元）から多かれ少なかれ搾取されることは避けられない。その上で、「使われる側」としては、「搾取される度合い」をできるだけ低くするように努めたい。

ひとつの方法としては、労働に対する対価の水準が明確なものや、成果報酬が魅力的な仕事を選ぶのがよい。このような判断の下であれば、第2章の〈フリーランスという危険な選択肢〉で取り上げたフリーランサーという選択は、決して悪い働き方ではない。

フリーランスと一口にいっても、美容師などの技能保有者に対しては、「売上の××％」と分配率が明確に規定されているケースが多い。また、弁護士や医師などの国家資格は参入障壁が高いため、委託報酬が叩かれにくい。こうした業種であれば、働けば働くほど報酬を上げることができ、フリーランスは魅力的な選択肢となりうる。

収入が上がらないとしても、フリーランサーは勤務時間を任意に増減できるため、子育てなどで時間の制約がある人にとっても都合がいい仕組みだろう。

営業保険のセールスなど、大きな上昇余地のある成果報酬型の仕事も魅力である。こういう仕事では、一定の顧客を確保できれば、顧客が顧客を呼ぶという状態になりやすいため、年収も桁違いに膨れる可能性がある。

私の友人にも、保険のセールスで成功している方が何人もいる。一定の評判と顧客ネットワークを築いてしまえば、それ以降は口コミで顧客層を無限に拡大できる。いわば「ファンコミュニティ」が形成されるので、充実した人生にもつながるだろう。

「使われる側」として、E（従業員）はいかにして身を守っていけばよいのであろうか。もしも現在、いずれかの企業に正社員として雇われているのなら、その立場にしがみつくことも視野に入れた方がよい。起業家や資本家、あるいはフリーランサーに憧れる気持ちがあったとしても、安易な転職は危険である。

特に気をつけたいのは、四〇代以降の転職である。四〇歳以上なら、転職しても現在の勤務先より待遇が下がる可能性がある上に、立場もいっそう不安定になる。こういう職場に移ってもメンタルがもたない。採用する企業側からみても、そもそも五〇歳以上の人材から大きな利潤が生まれることは期待しづらい。

こうなると、高齢の転職者の側にしてみれば、酷使されるか、ものすごく待遇が悪いかの二択になってしまう。つまり、この場合、転職した方がむしろ「搾取される度合い」が大きくなってしまうということだ。そんなところで定年までを過ごすよりは、今の勤務先にしがみついて、趣味などを増やした方がいいのではないだろうか。

そもそも米国に比べて日本の労働市場は、転職が難しい。たとえばトヨタとホンダの例で考えると、両社とも似たような製品を生産しているにもかかわらず、トヨタの従業員がホンダに転職するのはなかなか難しい。なぜなら、その人が会得している経験値は、トヨタという独自の生産システムの中で培われたものであり、その経験値をそのままホンダに適用させることができないからである。逆もまた然《しか》りである。

一方で、ひとつの会社に勤め続けるメリットは少なからずある。企業側の視点として、（人件費を抑制するという目的に照らして）企業のブランドやそこで提供できる経験の質も重要である、と先に述べたが、従業員の立場で言えば、個人事業や個人企業では得られない経験ができる、ということを意味する。これは、企業に勤めることの大きな魅力になっている。このような日本の伝統企業での就労スタイルは、昨今の起業やフリーランサー美化の風潮の中で軽視されているようにみえるが、実は魅力的である。

三菱商事のような年商数兆円規模の、世界レベルでの企業におけるビジネス経験は、小規模の企業や、ましてや個人事業では得られない。たとえば、東京証券取引所のグロース市場の時価総額合計は七兆円超であるが、これは三菱商事一社の時価総額一三兆円にも及ばない(二〇二四年一〇月現在)。

三菱商事のような大企業ではなくても、企業で働くことの魅力は享受できる。どのような会社であっても、長年の信用やブランドによって成り立っているビジネスであれば、多様な取引先にも恵まれ、目的さえ持って行動すれば、個人の枠を超えた仕事をすることができるからである。

また、企業人であれば転勤もあり、出世もあり、勤務先が変わらなくても立場や視座が変わることはありうる。しかし、これが個人事業の立場であれば、自らが相当な努力をしない限り、また、相当な幸運に恵まれない限り、現状の延長線上にない仕事をすることは難しい。

労働とは本来、賃金ではなく自己実現のために行なうものである。安定賃金と終身雇用の約束された日本企業でこそ本来の労働が実現しうる、とも考えられる。

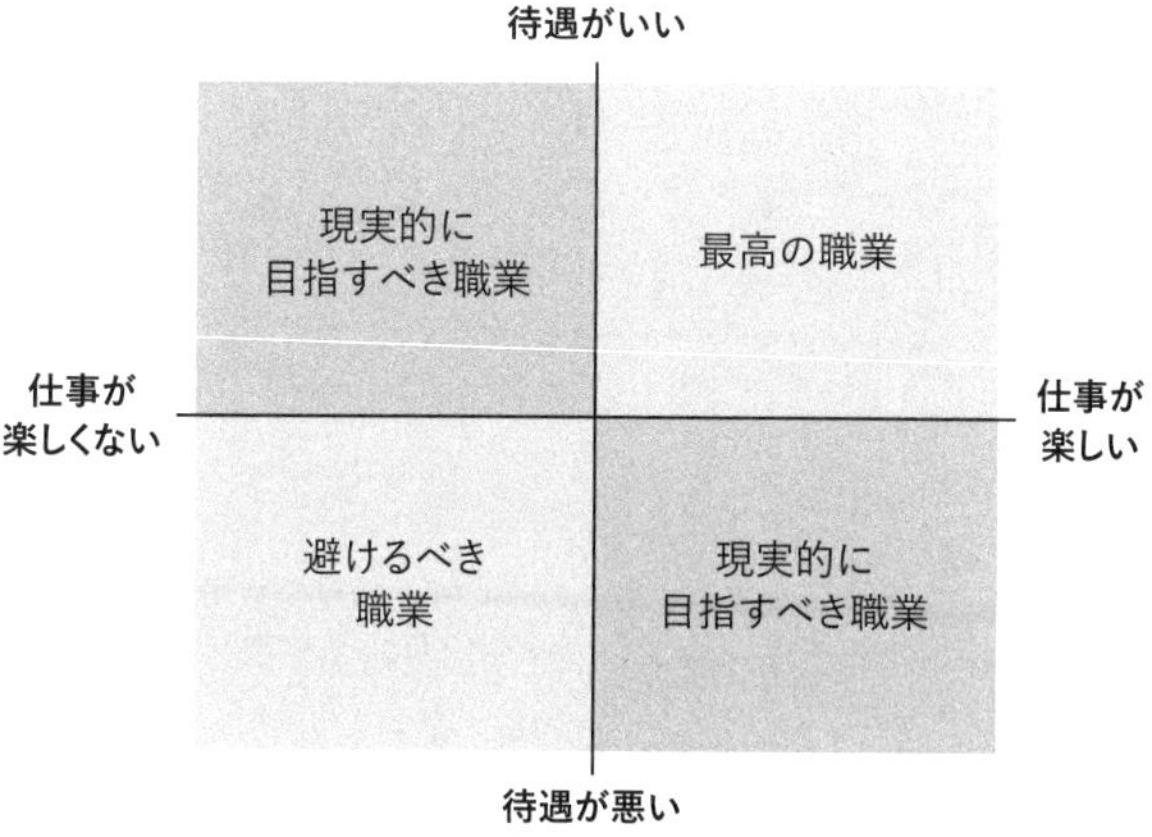

仕事を「待遇」と「楽しさ」の四象限で考える

「待遇」と「楽しさ」の四象限で考える

　先に挙げたロバート・キヨサキによるE、S、B、Iのキャッシュフロー・クワドラントは、「どこから収入を得るか」ということを可視化した区分だが、仕事に関しては、「待遇がいいか悪いか」「楽しいか、楽しくないか」ということを軸にして四象限で捉えることも可能である。上の図をご覧いただきたい。

　そうすると、「待遇が悪い上に楽しくない」というのが最低の状態で、その反対である「待遇もよくて楽しい」というのが最高の状態ということになる。最高の状態はなかなか実現できない。

　よって現実的には、「待遇はそれほどよくないが、楽しい立場」か、あるいは「待遇はいいが、楽しくはない立場」のいずれかを目指すのが妥当だということになる。

まず「待遇はいいが、楽しくはない立場」をみてみよう。

この象限に属する人は、具体的には外資系金融に多い。自らが外資系投資銀行で働いた経験をもつ勝間和代は、仕事が楽しくないからこそ待遇が良い、と再三指摘している。

金融業界がなぜ、従業員の受け取る報酬を高い水準に保てるのかといえば、粗利益が大きいからである。高額な給与を支給したとしても、投資銀行としては十分な収益が見込めるのである。

待遇の良い業界の他の例としては、不動産会社もある。取引額に応じて高額な手数料が期待できる一方で、人件費以外の費用はあまり多くない。そのため、従業員への報酬を高くできるのである。

もうひとつ、E（従業員）にとって現実的な選択肢は、「待遇はそれほどよくないが、楽しい立場」である。

仕事に「楽しさ」を求めるのもいいが、会社での仕事ではできるだけ「楽」をして、その分、趣味などを充実させて「楽しく」過ごすこともありえる。むしろ仕事の「楽」さと、人生の「楽しさ」を追求する生き方こそが、E（従業員）の人にとっての理想である。

極論すれば、Ｅ（従業員）として生きるなら、その会社で自己実現を果たすことは期待しない方がよい。「こうすれば必ず出世できる」ということを保証するルートなどは存在しないからである。

もちろん企業としては、出世をニンジンとしてぶら下げることで従業員を働かせたいので、ことあるごとに出世の可能性をちらつかせてくるが、ほとんどの人にとって、満足のいく出世は単なる幻想でしかない。そして不幸なことに、転職価値のなくなった四〇〜五〇歳になってはじめて、この現実に気づくのである。

出世方法を説く自己啓発本が飛び交っているが、そうした類いのアドバイスを実践しようとしたところで、出世も果たせない上に、いたずらな疲弊に見舞われる。

したがって、従業員の立場で自己実現を果たそうと思うのが、多くの場合、そもそも間違っているのである。変に頑張って失敗する危険すらある。体調を崩しては本末転倒である。会社のために不要なリスクを犯す必要もない。従業員としては、特に大企業に身を置いているならなおのこと、現在の立場にしがみついて、いかに楽をしていくかを考えるべきである。「楽をする」ということにおいては、「私生活において楽しめる趣味を持てるかどうか」ということが、大きな鍵となるだろう。

趣味で本当の友人に巡り合えるのであれば、それは職場づきあいよりも豊かな人間関係につながるかもしれない。

ハーバード大学では一九三八年から現在にいたるまで、ハーバード大学の卒業生と、同地域の貧困層を対象に幸福度の変化を追跡調査している。ハーバード大学を卒業した彼らは、一見すると輝かしいキャリアを築いているように見えるが、必ずしも幸福であるとは限らないことがわかっている。一方で、貧困層の調査対象者の中には、支え合うコミュニティや深い人間関係を持つことで、比較的高い幸福度を示した例もあったという。この研究から、幸福の最大の要因は物質的な成功ではなく、良好な人間関係にあることが明らかにされている。[20]

もし趣味がない、というのであれば、大学に通うことはどうだろうか。現在は、日本の大学でも多くが、社会人を受け入れている。私はこれまで五つの大学に通ったが、豊かな人間関係を築く上でも大学は優れている。また、半強制的に何かを学ぶことは、自分の新しい興味や可能性を広げることにもつながっていくであろう。これはいずれ別の機会に書くつもりであるが、五つの大学での学びは、確実にビジネスに役立っている。シカゴ大学やハーバード大学に通っていなければ、こうして本を書く機会も得られなかったかもしれない。もちろん、地方に住んでいても他地域の大学に通うことは可能である。近年ではオンラインの学位プログラムも充実している。学びの選択肢は無限に広がっているであろう。

「働かないおじさん」という勝ち組

話を元に戻すと、「待遇はそれほどよくないが、楽しい立場」にあるE（従業員）の人を探していくと、浮かんでくるのは、昭和を象徴する漫画の登場人物たちである。

『美味しんぼ』（原作・雁屋哲／作画・花咲アキラ、小学館）の山岡士郎、『釣りバカ日誌』（原作・やまさき十三／作画・北見けんいち、小学館）の浜崎伝助《でんすけ》＝浜ちゃんなどだ。山岡は東西新聞社文化部の記者、浜ちゃんは中堅ゼネコン会社・鈴木建設の一ヒラ社員という設定である。ともに、堅実な経営基盤を持つ、安定企業に勤務している点が共通している。

さらに、山岡も浜ちゃんも、会社での仕事にはあまりやる気がなく、勤務態度も悪いが、そのかわり一芸に秀でており（山岡は食に対する知識や能力、浜ちゃんは釣りのスキル）、結果としては会社に貢献するストーリーとなっている。

上司からはしょっちゅう「おまえはクビだ」とどやしつけられているが、いないと困るので、実際には解雇されずに済んでいるという点も、二人の共通点だ。

『こちら葛飾区亀有公園前派出所』（秋本治、集英社）の主人公・両津勘吉《りょうつかんきち》も、同じカテゴリーに入れるべきかもしれない。出世には縁がないものの、公務員として収入は安定しているし、しばしば失策をやらかして始末書を書かされているわりに、いざというときには人並外れた力を発揮するため、結果としては人の役に立っている。また両津も、賭け事のみならず、ラジコン、プラモデル、ゲーム一般と多趣味で、それぞれに一家言《いっかげん》持っている。

考えてみれば、『サザエさん』（朝日新聞社）の磯野波平も、いわば彼らの祖型である。第一線でバリバリ働いているという気配はないものの、「山川商事」という安定していそうな企業に勤務している。そして午後五時には退勤し、囲碁や盆栽などの趣味に時間を割いている。家族とのコミュニケーションも大事にしている。たまには、大酒を飲んでストレスを発散してもいる。こんな生き方も、決して悪いものではないのではないだろうか。

かつて植木等《ひとし》は、「サラリーマンは気楽な稼業ときたもんだ」と歌ったが（『ドント節』ハナ肇《はじめ》とクレージーキャッツ）、歌詞は「社長や部長にゃ なれそうもねぇが／定年なんてのまださきの事／競輪競馬に パチンコマージャン／負けりゃやけ酒また借金」と続く。

まさに、昭和の漫画に描かれてきた「気楽なサラリーマン」たちをそのまま引き写したような描写となっている。借金をしてまでギャンブルに明け暮れるのは両津勘吉くらいかもしれないが、ここで前提となっているのは、仮に一時的に金欠になったとしても、毎月決まった額の給金が間違いなく振り込まれるという安定そのものの人生なのである。

昭和のサラリーマンたちが、令和の企業社会からは姿を消してしまったかというと、そんなことはない。現在においても、とりわけ大企業には、「働かないおじさん」と呼ばれる種類の人々が、少なからず棲息《せいそく》している。毎月従業員にお金を振り込まないといけない身となった私からすれば、ある意味で、「働かないおじさん」こそ理想的な職業人なのではないかと思うことすらある。

たしかに「働かないおじさん」——つまり、一定以上の規模の企業で悪くない給料をもらっていながら、仕事へのモチベーションも低く、仕事のパフォーマンスも悪いような人たちは会社にとって厄介者だ。

しかし従業員個人の立場からすれば、昭和時代を彷彿《ほうふつ》させる彼ら「働かないおじさん」こそが、資本主義社会における「勝ち組」のひとつのモデルなのではないだろうか。

「働かないおじさん」とは、大企業の安定性と悪くない収入を確保した上で、解雇されないギリギリのパフォーマンスを発揮し、人生を楽しむ生き方である。個人の生き方として、これ以上のものがあるだろうか。

逆に考えどころなのは、『サラリーマン金太郎』（本宮ひろ志、集英社）の矢島金太郎のような熱血サラリーマンである。金太郎のように結果を出せればいいが、こうした熱血サラリーマンタイプはスタンドプレーまがいのものが多く、かえって会社に損害を与えかねない危険な存在である。良かれと思ってとんでもないミスを犯したりもする。また、単に熱意があるだけの社員は自己顕示欲が強く、時として会社全体の和を乱す存在ともなりかねない。あるいは周りを疲弊させる。

さらに個人のキャリアから見ても、熱血サラリーマンは中途で燃え尽きてしまう恐れがある。社長になれるかどうかは、運によっても大きく左右される上に、仮に社長まで上り詰めることができたとしても、大企業の場合、創業家や歴代社長、株主など睨《にら》みを利かせる存在が目白押しで、好きなようには振る舞えない公算が高い。熱血サラリーマンの辿りつく先として、こうした状況は厳しいだろう。「坂の上に雲があると思っていたら、雲は見つからなかった」といった結果に終わる可能性が高い。

むしろサラリーマンとしては、なまじの出世などを考えずに、いかに楽をしながら会社に居座るかを画策していく方が得策である。そういう意味で「昭和のサラリーマン」は、E

（従業員）にとってロールモデルとなりうる。

あなどれない「ゴマすり」能力

もちろん「ただ何もしなければいい」というわけではない。文字通り何もせず、生産性を発揮できない社員は、会社にとってはお荷物である。山岡も両津も、会社が必要とする「なにか」があるからこそ活躍できるのである。

では、その「なにか」とは何なのか。多くの人はスキルだと考えるかもしれない。「キャリアアップのために」と思い、さまざまな資格を取得したり、特殊なスキルを磨いたりする人も少なくないだろう。しかし、スキル磨きは多くの場合、長く続かない。

プロ野球の投手を例に取るとわかりやすい。中継ぎ投手で二年以上活躍できる投手は稀《まれ》である。一芸に秀でている人こそ、消耗も早く、対策も立てられやすい。スキルが高いからこそ切り捨てられるのも早い。ビジネスでも、単に高いスキルを提供するだけなら、外注で十分である。

ひと昔前なら、「英語が話せる」という技能だけでも切り抜けられたかもしれないが、今では通用しなくなっている。会計やＩＴなどのスキルも、ただそれだけの人であれば街中に溢れている。もっとも、地方ではまだ重宝される場合もあるかもしれない。この点については後述する。

「なにか」とは、むしろ、二一世紀のビジネスに「こんなものは必要ない」と言われてきたような「なにか」である。

たとえば山岡や浜ちゃんは、人脈が充実している。人脈を通じて、自分の知識や経験を共有し、さらに人脈を拡げていける点が強みとなっている。こうしたネットワークの輪を拡大しつづけ、しかもその輪の中心に座り続けることができるのである。そして彼らは、やる気がないから転職することも会社を裏切ることもない。雇用する会社側から見ても、簡単には転職しない彼らのような人材は、雇い甲斐も育て甲斐もあるのである。結局、彼らは、ある局面では活躍してしまう存在なのである。

このような「昭和のおじさん」的なスペックや能力には、思いのほか、時代を超えた「なにか」があるのではないかと私は思っている。たとえば「ゴルフ人脈」、あるいは「上役にひたすらゴマをする能力」はどうだろうか。ゴマすりで出世し、確固たる地位を占めている人は、意外と多い。

私は、これまで何千という企業のトップや経営幹部を実際に見てきたが、高い実績と能力を正当に評価されることは、むしろ珍しい。実績を持っている人間は、かえってやっかみを受けたり、攻撃の対象となってしまうので、結果として出世していないケースが多いように感じる。

逆に、実力主義とみられる外資系企業やＩＴ系企業などですら、「どうしてこういう人がこの会社に雇われているのだろう」と不思議に思うようなタイプの従業員と出くわすことが少なくない。特別なスキルはあまりなさそうに見えるが、活躍している。彼らの何が評価されているのかと言えば、マインドセットである。

マインドセットの時代

ＧＡＦＡＭのようなグローバル展開をする最先端のＩＴグローバル企業でも、正社員として採用する決め手は、スキルであるとは限らない。むしろ、ハイスキルを持つ人材は業務委託やアウトソーシングで活用すればいいのであって、社内に抱え込むべきは、会社の文化を良い方向に変える力を持つ人材なのである。

意外に感じるかもしれないが、外資系企業も、スキル以外の要素を重視している。例えば、私の古巣であるマッキンゼーでは、人事評価においてClient First（顧客第一主義）、Obligation to Dissent（反論する義務）に重きを置いている。[21]これらはスキルセットでもあるが、マインドセットでもある。さらにはPMAとよばれるPositive Mental Attitude（前向きな態度）も重視される。これは「どうすればPMAとよばれるがより良くなるだろうか」と問題を肯定的に捉える姿勢であり、単なる熱意とは異なる。

日立製作所の人材改革が注目されているが、社員に対しては、能力が高いか低いかよりも、むしろ会社が推し進める改革に意欲的に取り組んでいけるメンタリティを持っているかどうかを重視している。[22]これもPMAに近いマインドセットであろう。

同社は、社内変革に対しての意欲や気構え、すなわちマインドセットを重視している。同社は求める社員を「自燃性（自発的な成長）」と「可燃性（文化を変える巻き込み力）」を備えた「人財」だと定義している。[23]

二一世紀初頭には、英語やITといった可視化されたスキルの重要性を謳うキャリア論が多かったが、今後はマインドセットを含めたソフトスキルに変わっていく可能性もある。さまざまなスキルが陳腐化して目新しいものでもなくなった今だからこそ、他で代替できないマインドセットの持つ重要性が増してきているのだと思う。

優秀な人たちの脆弱性

これらの観点も踏まえつつ、優秀な人材を目指すことは、企業社会で、あるいは資本主義社会で生き延びていく上で本当に欠かせないことなのか。この点について、もう少し掘り下げてみたい。

「ベスト・アンド・ブライテスト（The Best and The Brightest）」という言葉がある。『ニューヨーク・タイムズ』の記者デイヴィッド・ハルバースタムが一九七二年に書いた同名の著書に基づくもので、「最良の、最も聡明な人々」を意味する言葉である。著書の中では、一九六〇年代アメリカのリンドン・ジョンソン政権において安全保障政策に携わっていた閣僚や大統領補佐官のことを指していた。

しかし知識と能力を兼ね備えたエリートたちが、実際には現実から乖離した政策意思決定へと導き、ベトナム戦争の泥沼の中にアメリカを引きずり込むというミスを犯した。ハルバースタムの著書は、その過程を克明に描いたものである。

日本においても、ノモンハンから太平洋戦争に至る失敗は、陸軍幼年学校卒業生を中心とするエリート参謀たちに起因するという見方が強い[24]。優秀な人たちによって致命的に組織がおかしくなるというパラドックスは、企業活動にも当てはまるはずである。「ベスト・アンド・ブライテスト」たる優秀な人材ばかりを集めた企業は、思いのほか脆弱《ぜいじゃく》である。

考えてみれば当然のことだ。同質の人材ばかりを集めることは、組織から多様性を奪う。多様性を失った生物種は、同一の病原菌によって全滅しうる。また、同質的な組織からは同質な思考と馴れ合いが生じやすい。同質的な企業がさまざまなリスクに対応するレジリエンスを持ちうるとも考えにくい。

さらに「ベスト・アンド・ブライテスト」型の組織は、極めて優秀な人々が働いて初めて十全なパフォーマンスを発揮するように設計されている。弁護士事務所やコンサルティングといった、いわゆるプロフェッショナルファームには「ベスト・アンド・ブライテスト」が多い。しかし、こうした企業では、トップパフォーマーの離脱もあれば、内輪揉めの危険もある。そもそも活用できる人材に限りがあるので、会社として拡大できない。

第2章の〈「一攫千金教」のためのM&A入門〉でも述べた通り、会社というのは、誰が回しても回っていく形にしておかないと、長く存続させることは難しい。経営者も含めて、特定の人材がいなくなったら立ち行かなくなるという体制は、脆弱ですらある。

逆に言えば、「働かないおじさん」を囲い込んでいる企業というのは、多様性を保持しているという意味で、むしろ強靱《きょうじん》な「良い会社」なのかもしれない。

よく知られた「働きアリの法則」というものがある。アリの集団を、「よく働く・普通に働く・働かない」に分類すると、２：６：２の割合に分かれるのだが、このうち「働かない」二〇％のアリを駆逐したとしても、結局、「普通に働く」中間層の集団のうちの一定割合が働かなくなってしまうというものである。

「ベスト・アンド・ブライテスト」の人材ばかりを揃えた企業は、この意味でも弱い。山岡士郎のように、熱心には働かないかもしれないが、経験や知識も人脈もあり、時として目覚ましいパフォーマンスを発揮するかもしれない中間層をむしろ厚くすることこそが、企業の強靱さを導き出すためには必要なのではないだろうか。

逆に言えば、そのような「働かないおじさん」あるいは「使えないおじさん」が社内にいるかどうかということが、自分の勤務先が「良い会社」であるかどうかを見極めるためのバロメーターにさえなりうる。そういう「働かないおじさん」がたくさんいながら安定した収益を維持している会社は、ある意味で強靱な会社でもあるということだ。

もしあなたがそういう会社に身を置いているなら、そうした「働かないおじさん」たちが切り捨てられるまでは、自分もその会社に居座った方が良いだろう。

「頑張らない」という生存戦略

では、「働かないおじさん」として生き残るには、どう身を処していけばいいのか。彼らには彼らなりに持つべきマインドセットというものがあると私は考えている。「俺は評価が低いし、ことさらに頑張ることもできないが、役に立つこともあるはずだから、この会社に堂々と居座り続けてやる」という居直りのマインドセットである。

そもそも、頑張れるかどうかというのは、持って生まれた性格や運に左右される。また、これまでの日本では、「おまえだって頑張ればできるんだから頑張れ」といった根性論が幅を利かせていたが、現実には、頑張ったところでどうにもならないことも少なくない。

昨今は、企業活動においてもメンタルヘルスの保全が大きな課題となっており、うつ病を発症して休職してしまうような従業員が後を絶たない。彼らがなぜ心身を病んでしまうのかというと、本質的に「頑張れない人間」であるにもかかわらず、周囲から「頑張れ、頑張れ」と焚《た》きつけられることが重圧になっているケースが多いからである。

身を守るためには、「頑張らない」と割り切ってしまうのが最善の策である。「出世も望まないし、会社に期待することも何もないが、それでも自分はここに居座るのだ」というマインドセットを持つことができれば、給料をもらい続ける自らの立場のみならず、その中で心が折れないように自衛する手段も確保できるということだ。

その上で、「クビにならないためのなにか」をいかにして自らのものにしていくかが、生き延びるためには問われることになる。

一番いいのは、それこそ山岡士郎や浜ちゃんのように、勤務先における立ち位置と自分自身の趣味とを上手にリンクさせていくようなやり方だ。ただし、現実に可能だとは限らないだろう。

ではどうすればいいのか――。私は、「いい人」であることに、もうひとつの方向性があるのではないかと考えている。

GAFAMが求めるのは「いい人」

生き馬の目を抜く競争社会で「いい人」とは基本的に「無能な人」の婉曲表現だとされる。しかし、「いい人」戦略が生存において有効だとする考え方は、根拠がない話でもない。

生き残っていくために必要なこととして、これまで言われてきたのは、「個性を際立たせるべし」とか「スキルを磨くべし」といった指南だった。しかしその通りにすると、ともすれば「一匹狼」となり、かえって居心地が悪くなったり、選手生命を短くしてしまったりするのがオチである。

私が注目しているのは、楽天ゴールデンイーグルスの監督を務めていた平石洋介である。出身球団である楽天のコーチ・監督のほか、ソフトバンクホークス、西武ライオンズでもコーチを歴任しているが、選手としての実績にはこれといって目を見張るほどのものはなかった。

母校であるPL学園高校では、左肩の不調が原因で目立った活躍はできなかったものの、小・中・高・大学すべての野球部で主将を務めるなど、人望の篤《あつ》さに関しては定評があった。選手というよりコーチとして名を馳せたのも、人柄に負うところが大きかったはずである。

先にも述べた通り、GAFAMなどは正社員の採用に際して、スキルよりはどちらかというと人柄を重視している。スペースX、テスラ、（Twitter改め）Xなどで知られるイーロン・マスクも、採用の基準は「good-natured person（人柄がいい人）であるかどうか」だと明言している。[25]

ひと口に「いい人」と言っても、単に人柄がいいことを指しているのか、あるいはよきムードメイカーのような役割を果たせることを指しているのかは曖昧だ。

しかし「男芸者」に徹することが、意外に重要なポイントとなっているように思える。

外資系でこそ重要な「ご機嫌取り」

男芸者とは、本来は「幇間《ほうかん》」、いわゆる「太鼓持ち」のことだ。企業社会においては、「上役（あるいは顧客）のご機嫌を取る人」の意味に取っていい。組織も結局は人の集合体なので、必ずしも合理性や合目的性だけですべてが円滑に動いていくとは限らない。

ゴマすりで出世した人が企業でそれなりにプレゼンスを示すこともありうる。「男芸者」であることは、出世や、少なくとも、企業内における延命の最も重要な素質になっているのかもしれない。

意外に思われるかもしれないが、「男芸者」は、実は外資系企業でも重宝される。たとえば黒木亮の小説『獅子のごとく』(幻冬舎文庫)では、外国人を日曜の晩に接待する日本人は評価が高い、といった趣旨の逸話が描かれている。外資系企業の一員として日本に単身駐在している外国人が、日曜日の夜に寂しさを覚えるため、こうした外国人への接待が有効なのだという[26]。

小説であるが、事実である。作中に登場する人物のモデルの何人かを私も直接知っているが、彼ら自身が「この本は本当だ」と太鼓判を捺《お》している。

私自身の周囲を見回しても、日曜日とは言わずとも、土曜日に(日本に在住している)外国人と飲んでいる人は、外資系企業ではけっこういる。

「外資系企業で昇進を望むなら、役員の近くに引越する方がよい。その方がなにかとコミュニケーションをとれる」といった話もよく耳にする。人事権を、直接の上司が握っている外資系においては、上司のご機嫌取りがより重要である。昇進できるかどうかが上司の好き嫌いひとつで決まってしまうことがあるためである。

上司のご機嫌取りは、もともと日本のお家芸である。もはや廃《すた》れてしまった昭和の遺風《いふう》であると一蹴するのはたやすい。しかし、人の心というのはそう簡単に変わるものではない。おだてられ、へつらわれる心地よさに抗えない上司は、日本にも海外にも多くいるだろう。

　柔軟性、関係性、他者視点での影響力という意味では、ハーバード大学で開発されたアダプティブ・リーダーシップとの共通点も多い。あけすけなご機嫌取りを誰もしなくなってしまった今だからこそ、男芸者的な振る舞いに、生き残りのヒントとなる、光る「何か」がある。このような観点から、このいかにも昭和的なスキルセットを一度見直してみてはどうだろうか。

転職するなら逆張りで

　安易な転職に飛びつくのではなく、今いる職場にしがみつくことを推奨してきたが、もちろん転職によって活路を見出せることもある。それは、「逆張りの転職」によって自らの人材としての市場価値を相対的に高める方法である。

「逆張り」とは、通常の動きとは逆向きのベクトルをあえて選ぶことを指している。たとえば、昭和の時代にはよくみられた「地方から都会へ」というキャリアアップを逆転させてみよう。

現在、地方では、驚くほど人材が不足している。だから、東京では二軍、三軍程度の実力しかない人でも、地方に行けば重宝がられるということは十分にありうる。そういう意味で、「都会から地方へ」という従来とは逆のルートを辿ることは、一つのチャンスとなりうるかもしれない。日本にいると感じにくいかもしれないが、日本は各地域で文化も産業も特色も異なる。そして長い歴史のある、世界でも珍しい国である。日本経済は大都市のみで成り立っているわけではない。実業家の冨山和彦も、グローバル経済圏とローカル経済圏とを対比させて、ローカル経済圏が活気づいてこそ、日本経済全体が復活するのだと説いている[27]。

大企業から中小企業に移ることも逆張りとしてありえる。私はコンサルタントとしては大企業を、投資家としては中小企業の経営を支援してきた。現場最前線の中小ビジネスに、大きな飛躍の可能性を感じている。

また、多少言葉は悪いが、「勤務先のランクを少し下げる」ことも有効な選択肢である。こうした動きは、コンサルや投資銀行、あるいは弁護士事務所などでは多く見られる。コンサルに関して言えば、大手ファームのマネージャーくらいで退職した人が、準大手やブティックファームのパートナー（経営者）として活躍する事例はよくある。

あるいは日本企業から外資系へ、伝統企業からスタートアップへ、というこれまでの転職とは逆方向の動きが出てきてもよい。ＩＴ企業で働いていた人が、仮にエンジニアとしては半端なスキルしか持っていなかったとしても、体質の古い日本の会社に移ると、「君、すごいね」と評価されるケースも今後増えてくるであろう。

＊

この章で述べてきたことはあくまで、強欲さに基づく資本主義システムが存続することを前提としたものである。

システムの刷新は、一朝一夕に成し遂げられるものではない。変革の過程においては、幾多の困難や混乱、反動や失敗も繰り返されるはずである。意外なほど長きにわたって、資本主義システムは相変わらず、同じ形と同じ力を維持し続けるかもしれない。

個々人としては、資本主義が続く前提での、それぞれの「延命策」を考え続けることが重要である。

ケインズはかつて、「資本主義は、賢明に管理されるかぎり、おそらく、今までに現れたいかなる他の制度よりもいっそう有効に経済目的を達するのに役だちうるものであるが、それ自体として見る限り、資本主義は多くの点で極めて好ましくないもののように思われる」と述べた。そして、「次の一歩前進は、政治的扇動とか時期尚早の実験によって生じるのではなくて、思想から生じなければならない」「われわれには頭脳の努力によって自分自身の感情を説明する必要がある」と強調した。[28]

本書では、資本主義が機能不全を起こしているという認識に立って、資本主義の様々な問題点を、歴史や事例によって考察し、生き延びるための方策を探ってきた。もちろん、未来のことは誰にもわからない。しかし、もしもケインズの言う「頭脳の努力」が、我々一人一人によって推し進められるのであれば、我々は豊かで明るい「孫の時代」へと歩を進めることができるはずだと私は確信している。

おわりに

本書の主眼は、現代資本主義を考察しながら、「私たちはどこへ向かおうとしているのか」「一個人として何をすべきなのか」を根本的かつ実践的に考えることにあった。そのために、本書ではさまざまな問いを立て、私なりの仮説を提示してきた。

問いかけの最後として、ナポレオン・ヒルの『新・完訳 成功哲学』から一節を引こう。

これからあなたが出会う人一〇〇人に、人生で一番欲しいものは何かをたずねてみると、そのうちの九八人には答えがないだろう。もし、しつこく答えを要求すれば、一部の人たちの答えは安全安心、たくさんの人の答えはお金、そしてわずかに、幸福と答える人もいる。名声と力と答える人もいるし、その他、社会的に認められること、楽に暮らせること、歌、ダンスあるいは執筆の能力をつけることと答える人

もいるだろう――しかし、誰ひとりとして、これらのことばの意味を定義すること
もできなければ、このように漠然と語った願いを実現するための計画をほんの少し
にしろ示すこともできないだろう。（二五六頁。傍線は引用者による）

私たちは何を求めているのか。人生の意義を明確にし、自らの明瞭な言葉で示すことは実に難しい。すぐれた読書やアドバイスが、その一助とはなるのかもしれない。しかし、世間に氾濫する成功指南の数々には、日々、私たちが直面する現実に即していないものも多く、こと資本主義問題と対峙するにあたっては、有益なものを見出しにくかった。このことが、本書執筆の強い動機となった。

たとえば、学歴や職歴の重要性を人は説く。しかし実際にどれだけの力があるだろうか。経歴が輝かしいからといって、必ずしも自己の存在意義を確信しうるとは限らない。実際に、何をやりたいのかわからないからコンサルティングをしている、何ができるかわからないからMBAを取得している、と悩む人たちはあまりにも多い。

カネを稼ぐこともカネを稼ぐことそれ自体は、満足な人間関係を得ることに

も、自己肯定感を高めることにも結びつかない。

もちろん、成功を象徴するものが、ある人には学歴であったり、あるいはカネであったとしても問題はない。いずれも役には立つだろう。しかしそれらは、あくまでも目的達成の手段にすぎないということを忘れてはいけない。経歴やカネへの過度な依存や期待は危険ですらある。本書で学術的観点も含め、さまざまな角度から学歴や職歴、拝金信仰を批判的に検討してきたのは、この点を強調したかったからでもある。

また、本文中で「搾取」や「洗脳」といった刺激的な表現を用いたのは、読者に物事の本質に向き合ってもらうことを意図したものである。

しかし、私の目的は、読者を悲観させることではない。むしろ、現実を直視することで、一人ひとりが主体的に、前向きに行動する社会の実現を夢見ている。

そもそも、資本主義も企業経営も個人のキャリアも、外的制約や内部矛盾との建設的な妥協の産物である。しかし、だからこそ、これらの困難を乗り越え、あるいは併せ呑む姿勢が、企業にも個人にも求められている。この克服にむけた不断の取組みにこそ、人生や社会の希望があるものと私は信じている。

本書が、読者それぞれの人生の一助になるようであれば、これに勝る喜びはない。

なお本書では、考察を進めるに際して、多くの引用を用いた。読者によっては、そこに、今日的な価値観に照らして不適切と思われる表現を認めることがあるかもしれない。しかしそれは、原典が書かれた当時の社会状況によるものであり、本書への引用に、差別・偏見を助長する意図がないことをご理解頂ければ幸いである。

本書を完成させるにあたっては、光文社の三宅貴久氏、江口裕太氏に多大なる助言を頂いた。執筆においては、文筆家の平山瑞穂氏にサポート頂いたことにも心より感謝したい。

また、学術的な意味での正確さや、広範な職務に関する示唆を得るために、さまざまな専門家からのアドバイスを仰いだ。もちろん、本書で叙述した内容については、すべて私自身の解釈と責任に負うものであるが、各人にあらためて謝意を示したい。

シカゴ大学公共政策大学院教授の伊藤公一朗氏、国際政治経済学を専門とする杏林大学の三浦秀之氏、銀行家であり宗教改革史に造詣《ぞうけい》が深い谷和衛氏、三菱商事時代の同僚である福田隆介氏、シカゴ大学大学院や京都大学大学院でともに学んだ嶋村武史氏、中山健悟氏にも専門的な助言を頂いた。また、全員の名前を列挙することはできないが、本書は、ハーバード大学、とりわけ経営、神学、教育、法律、行政の各大学院において、世界中から集った教授や学生との対話から生まれたものでもある。彼らの世界的視野や、神学、歴史、哲学に対する見識は、日本人である私の不足を補ってくれた。

そして、二〇年来の友人で、今回の執筆の機会を提供してくださった出版プロデューサーの古屋荘太氏にも、あらためて感謝を述べたい。

最後に、本書執筆の最も大きな動機となったのは、編集工学を打ち立てた「知の巨人」、松岡正剛氏との出会いとやりとりであった。松岡氏が二〇二四年八月に逝去されたために、本書の完成を報告できなかったことは残念でならない。もし氏がご存命であれば、どのような叱咤《しった》の言葉を頂けたのか、今は想像するばかりである。

経済学は、松岡氏の専門ではない。しかし私が知る限り、晩年の松岡氏は、資本主義問題を深刻に受け止めていたように思える。本書においても、氏の著作から多くを引用させて頂いた。読者のみなさまには、ぜひ松岡氏が残された膨大な思索にふれて頂きたい。時空、東西、芸術・学術・現実をとび超えて空想した著作の数々から、きっと何かしらの人生のヒントが得られるはずである。

二〇二五年二月　マサチューセッツ州ケンブリッジにて記す

編集協力　平山瑞穂

1345
だから、お酒をやめました。
「死に至る病」5つの家族の物語

根岸康雄

わかっちゃいるけど、やめられない……そんなアルコール依存症の「底なし沼」から生還するためには、何が必要なのか。五者五様の物語と専門家による解説で、その道のりを探る。

978-4-334-10545-7

1346
恐竜はすごい、鳥はもっとすごい！
低酸素が実現させた驚異の運動能力

佐藤拓己

中生代の覇者となった獣脚類、その後継者である鳥は、低酸素への適応を通じなぜ驚異の能力を獲得できたのか。地球の歴史と共に、身体構造や進化の歴史、能力の秘密に、新説を交え迫る。

978-4-334-10546-4

1347
地方で拓《ひら》く女性のキャリア
中小企業のリーダーに学ぶ

野村浩子

地方の中小企業で地道にステップアップした女性リーダーたちをベテランジャーナリストが徹底取材。本邦初、地方で働き続けたい女性、そして雇用者のための「地元系キャリア指南書」。

978-4-334-10552-5

1348
ひのえうま
江戸から令和の迷信と日本社会

吉川徹

1966（昭和41）年、日本の出生数が統計史上最低を記録した。干支《えと》にまつわる古くからの迷信は、なぜその年にだけ劇的な出生減をもたらしたのか？　60年周期の「社会現象」を読み解く。

978-4-334-10553-2

1349
バスケットボール秘史
起源からNBA、Bリーグまで

谷釜尋徳

19世紀末に宗教界の生き残り策として生まれたバスケットボールの世界的な普及と日本への伝来、五輪やNBAへの挑戦、ブームからやがて文化になるまでの歴史を、豊富な資料をもとに探る。

978-4-334-10554-9

光文社新書

1340

グローバルサウスの時代
多重化する国際政治

脇祐三

米中のどちらにも与《くみ》せず、機を見て自国の利益最大化を図る。インドや中東、アフリカ諸国の振る舞いからグローバルサウスの思考体系と行動原理を知り、これからの国際情勢を考える。

978-4-334-10509-9

1341

映画で読み解く イギリスの名門校《パブリック・スクール》
エリートを育てる思想・教育・マナー

秦由美子

世界中から入学希望者が殺到する「ザ・ナイン」とは何なのか。エリートを輩出し続けるパブリック・スクールの実像を、「ハリー・ポッター」シリーズをはじめ7つの映画から探る。

978-4-334-10510-5

1342

海の変な生き物が教えてくれたこと

清水浩史

外見なんて気にするな、内面さえも気にするな！　水中観察30年の海と島の達人が、「地味で一癖ある」「厄介者」なのになぜか惹《ひ》かれる10の生き物を厳選、カラー写真とともに紹介する。

978-4-334-10511-2

1343

イスラエルの自滅
剣によって立つ者、必ず剣によって倒される

宮田律

民間人に多大な犠牲者を出し続けているハマスとイスラエルによる「ガザ戦争」。イスラエルはなぜ対話へと舵《かじ》をきらずに平和が遠のいているのか。その根源と破滅的な展望を示す。

978-4-334-10543-3

1344

知的障害者施設　潜入記

織田淳太郎

知人に頼まれ、「知的障害者施設」で働きはじめた著者が見たものとは？　入所者に対する厳罰主義、虐待、職員による「水増し請求」——驚きの実態を描いた迫真のルポルタージュ。

978-4-334-10544-0

1335
働かないおじさんは資本主義を生き延びる術《すべ》を知っている
侍留啓介

起業家にも投資家にもならず、この社会の「勝ち組」になることは可能か？　商社・コンサル・起業を経て経営科学を修めた著者が、実務経験と学識をもとに現代日本のキャリア観を問い直す。

978-4-334-10473-3

1336
つくられる子どもの性差
「女脳」「男脳」は存在しない
森口佑介

男児は生まれつき落ち着きがない、女児は発達が早い――子どもの特徴の要因を性別に求めがちな大人の態度をデータで一刀両断。心理学・神経科学で「性差」の思い込みを解く。

978-4-334-10474-0

1337
ゴッホは星空に何を見たか
谷口義明

《ひまわり》や《自画像》などで知られるポスト印象派の画家・ゴッホ。彼は星空に何を見たのか？　どんな星空が好きだったのか？　天文学者がゴッホの絵に隠された謎を多角的に検証。

978-4-334-10475-7

1338
全天オーロラ日誌
田中雅美

カナダでの20年以上の撮影の記録を収め、同じ場所からの撮影や一度きりの場所まで、思い立った場所での撮影日誌。第一人者が追い求めた、季節ごとに表情を変えるオーロラの神秘。

978-4-334-10476-4

1339
哲学古典授業
ミル『自由論』の歩き方
児玉聡

なぜ個人の自由を守ることが社会にとって大切なのか？　この問いに答えた『自由論』は現代にこそ読むべき名著。京大哲学講義をベースに同書をわかりやすく解く「古典の歩き方」新書。

978-4-334-10508-2

侍留啓介（しとみけいすけ）

1980年生まれ。三菱商事、マッキンゼー等を経てバロック・インベストメンツ代表取締役。サンライズキャピタル（プライベート・エクイティ）では、ベイカレント・コンサルティング（現・東証プライム）、AB & Company（現・東証グロース）等への投資実行、経営支援、上場準備を牽引。シカゴ大学経営大学院（Chicago Booth）でMBAを取得後、ハーバード大学公共政策大学院 (Harvard Kennedy School) に留学。京都大学大学院　博士（経営科学）。東京都立産業技術大学院大学　元特任教授。著書に『新・独学術―外資系コンサルの世界で磨き抜いた合理的方法』（ダイヤモンド社）。

働《はたら》かないおじさんは資本主義《しほんしゅぎ》を生《い》き延《の》びる術《すべ》を知《し》っている

2025年2月28日初版1刷発行
2025年4月25日　　3刷発行

著　者 ── 侍留啓介
発行者 ── 三宅貴久
装　幀 ── アラン・チャン
印刷所 ── 堀内印刷
製本所 ── ナショナル製本
発行所 ── 株式会社光文社
東京都文京区音羽1-16-6(〒112-8011)
https://www.kobunsha.com/
電　話 ── 編集部03(5395)8289 書籍販売部03(5395)8116
制作部03(5395)8125
メール ── sinsyo@kobunsha.com

 ISBN 978-4-334-10473-3
日本音楽著作権協会（出）許諾　第2408189-503号

注と文献

第1章

【1】資本主義が何かということについて、実は明確な定義は存在しない。「封建制に次いで現れた経済体制。生産手段を資本として所有する資本家が、利潤獲得を目的として、自己の労働力しか売るものを持たない労働者から労働力を商品として買取り、商品生産を行う経済体制。産業革命によって確立した」(『〔精選版〕日本国語大辞典』小学館)が一般的な定義ではあろう。経済学者の岩井克人は、これよりやや広く資本主義を捉えている。「貨幣の無限の自己増殖をその目的とし、利潤の獲得をその動機としている資本主義にとって、差異さえあれば、それはどのような差異であってもかまわない」(『ヴェニスの商人の資本論』、ちくま学芸文庫、p.51)と述べている。岩井の記述を踏まえれば、『日本国語大辞典』の定義は、あくまでも産業資本主義の解説である。商業資本主義や、現代の技術革新・商品革新によるポスト産業資本主義を含めるにはやや狭い定義といえよう。松岡正剛もその著書において、「実際にもその後、資本主義をどのように見るかということは、いまだに決定的な解釈が確立していない。ケインズ、シュンペーターからハイエク、フリードマンまで、多くの見解が表明されてきたものの、どれも帯に短く襷に長かった。むしろプルードンやシルビオ・ゲゼルがおもしろい」(『資本主義問題　千夜千冊エディション』松岡正剛、角川ソフィア文庫、2021年、pp.235-236)と述べている。

【2】『恋愛と贅沢と資本主義』ヴェルナー・ゾンバルト、金森誠也 訳、講談社学術文庫、2000年、p.29

【3】「表面的な文化の形成にとってより重要であったことは、非合法の恋愛、つまり自己目的としての恋愛がひろがるにつれて、由緒正しい婦人と娼婦の中間に、ロマン系言語の中でさまざまなことばで表現されている新しい層の婦人が出現したことである。ドイツ語や英語では、この種の婦人について不鮮明な情婦という表現を認める以外には、適切唯一な表現が存在しない。このことも、現象自体がロマン系言語を話す国々の中に限定されたか、あるいはこれらの国々からドイツなどに移入されたことを示す徴候であるといえよう。ではロマン系の言語での表現をあげれば、Cortegiana(媚を売る女)、Kurtisane(高等娼婦)、Konkubine(妾)、Maitresse(愛妾)、Grande Amoureuse(情人)、Grande Cocotte(大蓮葉女)、Femme entretenue(囲われ女)等々となる」(『恋愛と贅沢と資本主義』p.87)

【4】https://www.y-history.net/appendix/wh1001-109_1.html
【5】『恋愛と贅沢と資本主義』p.119
【6】『恋愛と贅沢と資本主義』p.121
【7】財界の他の大物の愛人、グランド・オペラの踊り子メゾン・ルージュは、旦那から建物と家具調度のため21万リーヴル、装飾品のため15万リーヴル、絵画と銀器のため5万ターレルをしぼりとった。若きショーヴランは、踊り子のミノス嬢のため、160万140リーヴル19スー11ドルニエにのぼる借金をこしらえ、海軍の出納係サン・ジャムはボーヴォアザン嬢に150万から180万リーヴルにのぼる装飾品その他高価な品々を贈り、さらに彼女に2000ターレルの年金を支給した。1万リーヴル（2000エキュー）が高級大物娼婦の通常の月給であった（『恋愛と贅沢と資本主義』p.154)。
【8】『恋愛と贅沢と資本主義』pp.156-157
【9】『日本型資本主義　その精神の源』寺西重郎、中公新書、2018年、p.137
【10】『日本型資本主義』p.142
【11】『図説 オランダの歴史 改訂新版』佐藤弘幸、河出書房新社、2019年、p.82
【12】『東インド会社　巨大商業資本の盛衰』浅田實、講談社現代新書、1989年、p.21
【13】『東インド会社』p.39
【14】『株式会社』ジョン・ミクルスウェイト、エイドリアン・ウールドリッジ、鈴木泰雄 訳、クロノス選書、2006年、p.69
【15】『金融の世界史　バブルと戦争と株式市場』板谷敏彦、新潮選書、2013年、p.7。ただし、イギリス東インド会社においても、1665年に有限責任に改正されたと解釈するむきもある。
【16】『株式会社』p.48
【17】「繰り返された『バブル』の歴史」小野亮治（『立法と調査』No. 339）
【18】『マネーの進化史』ニーアル・ファーガソン、仙名紀 訳、ハヤカワ・ノンフィクション文庫、2015年、p.186
【19】『マネーの進化史』pp.202-204
【20】『マネーの進化史』pp.206-212
【21】当然ながら、ミシシッピ会社の株価高騰を冷ややかにみていた人間も存在する。注【14】の『株式会社』(p.210) によれば、哲学者のヴォルテールは、バブル崩壊前の1719年に「パリではみんな気が狂ってしまったのですか」と書簡を送っている。また、アイルランドの銀行家で経済学者のリチャード・カンティロンは、ローが考案したシステムは必ず破綻すると確信しており、1719年に全財産を引き上げてパ

リを去った、という。

【22】『株式会社』p.55

【23】『マネーの進化史』pp.214-216

【24】この手の風刺は数多く存在する。ロンドンにいた、作家のダニエル・デフォーは次のように書き残した。「剣を抜いて、伊達男を一人か二人ほど刺し殺し、監獄に投獄され、絞首刑の宣告を受けたあと、できれば脱出しどこか異国にたどりついて株式仲介人となり、ミシシッピの株を発行して国内にバブルを起こせば、偉大な人物とみなされるようになるらしい。ただし、強運の持ち主であればの話だが」(『株式会社』p.211)

当時、オランダに出回っていたビラには、こんな風刺詩が綴られていたという。「株式取引で名をあげた　これぞすばらしきミシシッピ。ペテンやいかさま繰り広げ　散りぢりになった財宝、数知れず。みなの衆がどう思おうが、この株は、風と煙、ただそれだけ」(『マネーの進化史』p.219)

【25】中央銀行の独立性については、世界的にさまざまな懸念が持たれている。例えば、財務省出身者が日銀総裁を担うことが適切なのかどうか、政治的な圧力に対して中央銀行が中立でありえるのか、という論点がある。また、株式会社の情報の透明性に対する疑念は、枚挙にいとまがない。最近では2023年に、電気トラックのスタートアップ企業である米ニコラ社が、技術開発の誇大広告で投資家を欺いたとして、創業者で元CEOのトレバー・ミルトンが有罪判決を受けている。投機バブルの例も数多くあるが、たとえばアメリカでは、SNSなどで注目された「ミーム株」に個人投資家の投機的な取引が集まり、短期間で異常な株価変動がおこっている。このいきさつについては、代表的「ミーム株」である「ゲームストップ」(会社名である)の投機を描いた映画『ダム・マネー　ウォール街を狙え！』を観るとよい。

【26】『マネーの進化史』p.115

【27】『東インド会社』pp.128-135

【28】『東インド会社』pp.137-138

【29】『東インド会社』pp.139-142

【30】拙訳。原文は“I can calculate the notion of heavenly bodies, but not the madness of people”とされる。

【31】「18世紀イギリスにおける会社企業の発達」荒井政治(『關西大學經済論集』、10巻4号、pp.339-367)

【32】松本がゴールドマンを去った理由は、かねてから構想していた「オン

ライン証券会社」を立ち上げるためであったが、NewsPicksの取材に対して、「株式公開後の報酬を受け取った元同僚たちの多くは、その後、ゴールドマンを去り、ある意味、ラクで楽しい生活を謳歌しています。もちろん彼らの判断を尊重しますが、彼らがかつて情熱に燃え、『ディール・オブ・ザ・イヤーをとってやる！』と競い合っていた姿を知っているだけに、私は少しさびしい気がします。しかし、それもまた彼らが選んだ人生だったのだと理解しています」(https://newspicks.com/news/1175488/body/) とも述べている。

【33】『資本主義問題』p.144

【34】https://en.wikipedia.org/wiki/Standard_Oil

【35】資本とビジネスによって国家インフラを整備していくという発想は、21世紀の現在に至っても引き継がれている。例えば、2017年に完成したダコタ・アクセス・パイプライン (Dakota Access Pipeline) は、全長約2000kmの巨大石油パイプ建設プロジェクトであった。この計画の担い手は、多国籍石油会社がマイノリティ出資するスタートアップ企業 (1996年創業) であった。環境問題や先住民保護の観点で大きな社会問題となったが、最終的には当時のトランプ大統領によってパイプ・プロジェクトは承認された。パイプライン建設という営利的な課題において、金銭換算しえない自然価値や (先住民の) 宗教的価値をどうみるのか、マイノリティの権利をどの程度保護すべきなのか、という意味で重要な資本主義問題を提起している。経緯と問題点については、ミシガン大学教授であるKyle Powys Whyteの "The Dakota Access Pipeline, Environmental Injustice, and US Settler Colonialism" に詳しい。

【36】原著は国際法学者ヘンリー・ホイートンによるもので、アメリカ人宣教師ウィリアム・マーティンが漢訳したことで東アジア諸国に伝わった。

【37】「【コンサル物語】第一次世界大戦」(https://note.com/consul_story/n/n6fdf10e793c7?magazine_key=m874ca7c29c64)

【38】少々長くなるが、『オリバー・ストーンが語る　もうひとつのアメリカ史1』から次の一節を引用しておく。

「他国への軍事介入を身を持って経験した数にかけて、スメドリー・バトラー少将の右に出る者はいない。米西戦争が勃発した一八九八年、バトラーは一六歳で海兵隊に入隊した。初めての戦闘はフィリピン人の反乱勢力が相手で、次に中国に赴いて義和団の乱の鎮圧に加わった。ほどなく中米への軍事介入を次々に指揮するようになる。ふたつの名

誉勲章を授かり、第一次世界大戦中にはフランスで第一三連隊の司令官となった。この働きに対して、陸軍殊勲賞と海軍殊勲賞、さらにフランスからエトワール・ノワール勲章を授与されている。バトラーは小柄ながらブルドッグのように粘り強く勇猛果敢なことで知られた。その著書『戦争はあこぎな商売』は今も多くの軍人に引用され、賛辞を送られている。数々の勲章に輝いた長い軍役を終えたとき、バトラーは軍服に身を包んだ日々をこう振り返った。／私は三三年と四カ月、この国で最高の機動力を誇る海兵隊の一員として多忙な軍務に明け暮れた。少尉から少将まで、すべての階級を勤め上げた。そしてその期間のほとんどを、大企業やウォール街、それに銀行家のための高級ボディーガードとして働いた。早い話がごろつきと同じ。資本主義のためのギャングである。／一九一四年にはアメリカ石油業界の利権を守るため、メキシコの、とくにタンピコの安全確保に手を貸した。ハイチとキューバをまともな場所に変えて、ナショナル・シティ銀行が収益を上げられるようにしてやった。ウォール街の利益のために、中米の共和国を半ダースばかり略奪する片棒を担いだ。ごろつきの仕事はまだ終わらない。一九〇九年から一二年にかけては国際的な銀行であるブラウン・ブラザーズのため、ニカラグアから反乱分子を一掃してやった。一九一六年にはアメリカ砂糖業界の利権のために、ドミニカ共和国に光をもたらした。中国では、スタンダード・オイル社が思うままにふるまえるよう取り計らった。[…] この間私は裏稼業の連中よろしく、じつに美味しいあこぎな商売をやっていた。今にして思えばアル・カポネにだってコツの二、三は教えてやれただろう。あの男はせいぜい三つの地区で稼いだだけだが、私は三つの大陸を相手にやってのけたのだから」（『オリバー・ストーンが語る　もうひとつのアメリカ史1：2つの世界大戦と原爆投下』オリバー・ストーン、ピーター・カズニック、ハヤカワ・ノンフィクション文庫、2013年、pp.61-62）

【39】https://www.strategyand.pwc.com/gx/en/about/history.html

【40】日本ではあまり語られないが、第一次世界大戦後のドイツの復興を、アメリカが支えた、という側面がある。『オリバー・ストーンが語る　もうひとつのアメリカ史１：２つの世界大戦と原爆投下』に詳しい。「一九三七年、ワトソンはヒトラーに会ったあと、『戦争はない。戦争を望む国はないし、戦争をする余裕がある国もない』という総統のメッセージをうのみにし、ベルリンで開かれた国際商工会議所の会合で律儀に伝えた。数日後、七五歳の誕生日に、ワトソンはドイツ鷲大十字勲章を受章した。ヒトラーが彼にそれを授与したのは、デホマクのパ

ンチカード機のおかげで、ドイツ政府が一九三〇年の国勢調査を集計し、その結果としてユダヤ人を特定できたからである。デホマクの計数機は、データ統合の飛躍的進歩を象徴していた。それがのちに同社がナチスの支配下にはいったとき、アウシュヴィッツへの列車を時間どおり運行させるのに役立った」（同書 p.239）。

【41】拙訳。原文は“Your boys are not going to be sent into any foreign wars”。

【42】『日本企業はなぜ「強み」を捨てるのか　増補改訂版『日本“式”経営の逆襲』』岩尾俊兵、光文社新書、2023 年、p.17

【43】『若い読者のための経済学史』ナイアル・キシテイニー、月沢李歌子 訳、すばる舎、2018 年、p.232

【44】『資本主義と自由』ミルトン・フリードマン、村井章子 訳、日経 BP クラシックス、2018 年、pp.85-87
「政府に委ねるべきではない施策」14 点は以下の通り。「1　農作物の買取保証価格制度／ 2　輸入関税または輸出制限／ 3　産出規制（農作物の作付面積制限、原油の生産割当など）／ 4　家賃統制、全面的な物価・賃金統制／ 5　法定の最低賃金や価額上限／ 6　細部にわたる産業規制／ 7　ラジオとテレビの規制／ 8　社会保障制度（とくに老齢・退職年金制度）／ 9　事業・職業免許制度／ 10　公営住宅および、住宅建設を奨励するための補助金制度／ 11　平時の徴兵制／ 12　国立公園／ 13　営利目的での郵便事業の法的禁止／ 14　公有公営の有料道路」

【45】https://www.uchicago.edu/who-we-are/global-impact/accolades/nobel-laureates

【46】「DIMENSIONAL の独自性」（https://www.dimensional.com/jp-en/dimensional-difference）

【47】『マネーの進化史』pp.295-304

【48】『ブルシット・ジョブ　クソどうでもいい仕事の理論』デヴィッド・グレーバー、岩波書店、2020 年、p.13

【49】拙訳。原文は“This recession was not caused by a normal downturn in the business cycle. It was caused by a perfect storm of irresponsibility and poor decision-making that stretched from Wall Street to Washington to Main Street”（*Blind Spots: Why We Fail to Do What's Right and What to Do about It*, Max Bazerman and Ann Tenbrunsel, Chapter 1 を参照）。

【50】拙訳。原文は“The mistakes were systemic-the product of the

nature of the banking business in an environment shaped by low interest rates and deregulation rather than the antics of crooks and fools"（同上）。

【51】私は、例えば、セリグマンの次の見解を支持する。「楽観主義は市場を上げ、悲観主義は市場を下げるのだ。私は経済学者ではないが、人々が未来について楽観的なときに株価が（一般的な商品の価格も）上がり、人々が未来について悲観的なときに下がると考える。投資家の認識や期待とは無関係なところでの純粋な株価やデリバティブの価値など存在しない。その紙切れが将来どれくらいの値段になるかという認識が、価格と価値に強く影響するのだ。

私はここで、楽観主義と悲観主義だけが話のすべてではないと急いで補足しておきたい。一部の投資家はまだファンダメンタルズ（経済の基礎的条件）にこだわっているからだ。長期的には、株価はファンダメンタルズの価値を中心に変動するものの、価格変動幅を落ち着いたものとする。だが、短期的には、株価は楽観主義と悲観主義によってかなり影響される。だが、私はここでも、「現実」が再帰的であり、ファンダメンタルズの将来的な価値に対する市場の期待によって、その価値は決定されないまでも影響されると考える」（『ポジティブ心理学の挑戦 "幸福"から"持続的幸福"へ』マーティン・セリグマン、宇野カオリ 訳、ディスカヴァー・トゥエンティワン、2014年、pp.366-367）

【52】*RETAIL INVESTMENTS IN PRIVATE FUNDS: Regulatory Obstacles and Opportunities*, Michael G. Doherty, Joshua A. Lichtenstein, James D. McGinnis, p.3

【53】*Time Maps: Collective Memory and the Social Shape of the Past*, Eviatar Zerubavel, Univ of Chicago Pr, 2003.

【54】"Personal Struggles and Political Issues: An Interview with Oliver Stone," Crowdus, Gary, *Cinéaste*, Vol.16, no.3, 1998, pp.18–21

【55】拙訳。原文は "The growth of a large business is merely the survival of the fittest... The American beauty rose can be produced in the splendour and fragrance which bring cheer to its beholder only by sacrificing the early buds which grow up around it"。

【56】1910年のインタビューでの発言。拙訳。原文は "Wealth is a stewardship that we must pass on to the next generation in a better condition than we received it. It is not ours to do with as we please. We are not the owners; we are the trustees. We are accountable to

God for what we do with it ”。

【57】「職業」とも訳される。「『プロ倫』の翻訳者の大塚久雄は、『天職』という訳語がよいのかどうか、相当迷ったようである。大塚は、もともと梶山訳では『職業』と訳されてきた言葉を、『天職』と訳し直した。けれども『この訳語の取り換えがほんとうに良かったかどうか、今のところは私にも十分な自信がありません』と記している」（『解読 ウェーバー『プロテスタンティズムの倫理と資本主義の精神』』橋本努、講談社選書メチエ、2019年、p.131）

【58】もともとはBerufもルターによって創造された概念である。「『職業』と『天職』という二重の意味をもった『ベルーフ』という概念は、ルターおよびルター派の人たちが聖書を翻訳する過程で生まれた。しかしそれは、たんに言葉の上の革新であるだけでなく、宗教改革における思想上の革新をともなっていた」（『解読 ウェーバー『プロテスタンティズムの倫理と資本主義の精神』』p.142）。実際、ウェーバーは、このBerufについて次のように述べている。「さて、〔『職業』を意味する〕ドイツ語の『ベルーフ』»Beruf« という語のうちに、また同じ意味合いをもつ英語の『コーリング』»calling« という語のうちにも一層明瞭に、ある宗教的な――神からあたえられた使命（Aufgabe〈アオフガーベ〉）という――観念がともにこめられており、個々の場合にこの語に力点をおけばおくほど、それが顕著になってくることは見落としえぬ事実だ」（『プロテスタンティズムの倫理と資本主義の精神』マックス・ヴェーバー、大塚久雄 訳、岩波文庫、1989年、p.90）

【59】『日本型資本主義』の「まえがき」を参照。

【60】大塚久雄によれば、両者の対立は以下のような論点でもみられる。「ところで、ヴェーバーのばあい、『資本主義の精神』の意味内容についてはもう一つ注意しておかねばならぬことがあります。それは、その担い手のなかに資本家だけではなくて、労働者もまた含まれているということです。もうすこし詳しく言うと、中産的生産者層の内面に『資本主義の精神』が宿ったばあい、そのうちのある人々は経営を拡大して近代的な産業経営者となり、取り残された他の人々は経営内の規律にみずから進んで服することができるような近代的な労働者となっていく、そういう両（ふた）つの方向へと人々を内面から推し進めるということなのです。／この点は、ぜひ記憶しておいていただきたいと思います。というのは、彼と同じような問題を論じている人々、とりわけルヨ・ブレンターノとか、ヴェルナー・ゾムバルト、あるいはR・H・トーニーなどヴェーバー説に批判的な人々のばあいには、一般に――

もっとも彼らは『資本主義の精神』ではなくて、『資本主義精神』あるいは『資本家精神』という用語を使いますが――その担い手となるのは、資本家あるいは経営者だけで、労働者はまたまったく別の精神によって動かされているとされているのです」（『プロテスタンティズムの倫理と資本主義の精神』pp.364-365）
【61】『資本主義という謎　「成長なき時代」をどう生きるか』水野和夫・大澤真幸、NHK 出版新書、2013 年、p.59
【62】「ギャンブル依存症とは」（https://gamble-shindan.com/about/）
【63】『無名の男がたった 7 年で 270 億円手に入れた物語』竹之内教博、扶桑社、2021 年、p.13
【64】『日本型資本主義』p.166
【65】『日本型資本主義』p.34

第 2 章

【1】そもそもこの言葉自体が和製英語であり、「経歴を高くすること」（『明鏡国語辞典』、大修館書店）とされているが、この語釈をみてもよくわからない。
【2】『起業のすすめ　さよなら、サラリーマン』佐々木紀彦、文藝春秋、2021 年、p.10
【3】『起業のすすめ』p.10
【4】「三菱商事にいたころの自分はダサかった」――起業家・黄皓が捨てた商社のプライド（https://www.onecareer.jp/articles/2089）
【5】『おやんなさいよでもつまんないよ』松井道夫、日経ラジオ社、2001 年
【6】「三菱商事にいたころの自分はダサかった」
【7】『カルト資本主義　増補版』斎藤貴男、ちくま文庫、2019 年、pp.178-179
【8】『稲盛和夫語録にみる京セラ　過激なる成功の秘密』国友隆一、こう書房、1985 年、p.214。『カルト資本主義　増補版』p.179 の引用による。
【9】『人は仕事で磨かれる』丹羽宇一郎、文春文庫、2008 年
【10】『人新世の「資本論」』斎藤幸平、集英社新書、2020 年、p.3
【11】「奴隷制は、前近代の遺物ではない。近代の資本主義こそが奴隷制を要請したのである。要するに、資本主義は、奴隷のような労働者を必要としたのだ。奴隷のような労働者とは、極端に安価な労働者、コストがほとんどかからない労働者という意味である。新大陸で奴隷制があらためて創造されたのは、そこが、真に資本主義の中で持続的に機

能するものになるためには、プロレタリアートは、最終的には内部化されなくてはならない。具体的には、奴隷制は廃止され、すべて賃労働にとって代わられなくてはならない。実際、歴史はそのように経過したのだ」(『〈世界史〉の哲学 近代篇1〈主体〉の誕生』大澤真幸、講談社、2021年、pp.237-239)

【12】日本の学校制度は、西洋に比して遅れていたわけではない。例えばイギリスで初等教育が法令化されたのは19世紀の後半である。義務教育の導入に至っては1880年であり、日本の学制公布よりも遅い。

【13】太政官（だじょうかん）布告第214号

【14】原文、現代語訳ともに「小さな資料室」https://sybrma.sakura.ne.jp/61gakujisyourei.html を参照した。原文はそれぞれ「人能ク其才ノアル所ニ應シ勉勵シテ之ニ從事シ而シテ後初テ生ヲ治メ産ヲ興シ業ヲ昌ニスルヲ得ヘシサレハ學問ハ身ヲ立ルノ財本共云ヘキ者ニシテ人タルモノ誰カ學ハスシテ可ナランヤ」「自今以後一般ノ人民華士族卒農工商及婦女子必ス邑ニ不學ノ戸ナク家ニ不學ノ人ナカラシメン事ヲ期ス」。

【15】「ベンジャミン・フランクリンの13の徳目」(https://murayama-cpa.com/column/ ベンジャミン・フランクリンの13の徳目 /)

【16】『憂国の情理』阿部俊彦 、作品社、2007年

【17】『現代語訳 論語と算盤』渋沢栄一、守屋淳 訳、ちくま新書、2010年

【18】「たった100年前。昭和時代のあこがれの職業は？？」(https:// 日本の歴史 .com/2017/11/ 職業 /)

【19】「仕事をしたら“10年後のサラリーマン”が見えてきた」(「ITmedia ビジネスオンライン」2013年3月6日・13日・20日)

【20】「なぜ給料が二極化するのか？　年収200万円と800万円の人」(「仕事をしたら“10年後のサラリーマン”が見えてきた（前編）」(https://www.itmedia.co.jp/makoto/articles/1303/06/news003.html)

【21】『危ない読書　教養の幅を広げる「悪書」のすすめ』佐藤優、SB新書、2021年、p.170

【22】『グラゼニ（1）』原作:森高夕次、作画:アダチケイジ、モーニングコミックス、2011年、p.20

【23】『東京貧困女子。 彼女たちはなぜ躓いたのか』中村淳彦、東洋経済新報社、2019年、p.81

【24】『東京貧困女子。』p.236

【25】『虎とバット 阪神タイガースの社会人類学』ウィリアム・W・ケリー、高崎拓哉 訳、ダイヤモンド社、2019年に詳しい。

【26】2001年発行の『インターネット資本論』では、すでに次のように述べられている。「どの市場も効率的になり、人的資本が主役になるにつれ、人的資本のあらゆる形態、すなわち人々の時間や労働から遺産に関する金融市場が創設されるだろう」(『インターネット資本論　21世紀型の資産形成』スタン・デイビス、クリストファー・マイヤー、富士通ブックス、2001年、p.51)

【27】『感ビジネス　千夜千冊エディション』松岡正剛、角川ソフィア文庫、2019年、p.40

【28】同上

【29】ＥＢＩＴＤＡとは、税引前・減価償却前の営業利益を指す。これは、営業利益に「のれん償却」を加算して算出される。「のれん」とは企業M&Aにて発生した、企業の時価評価純資産と買収価格の差額であり、この「のれん」を年度償却したものが「のれん償却」である。

【30】『無名の男がたった7年で270億円手に入れた物語』p.74

【31】『無名の男がたった7年で270億円手に入れた物語』pp.41-42

【32】『無名の男がたった7年で270億円手に入れた物語』p.127

【33】『無名の男がたった7年で270億円手に入れた物語』p.143

【34】『自己プロデュース力』島田紳助、ヨシモトブックス、2009年、p.52

【35】『いま生きる「資本論」』佐藤優、新潮文庫、2017年

〈コラム〉経済学は役に立たないのか

【１】『若い読者のための経済学史』p.17

【２】拙訳。原文は“As I see it, the economics profession went astray because economists, as a group, mistook beauty, clad in impressive-looking mathematics, for truth”, “How Did Economists Get It So Wrong?” Paul Krugman, *The New York Times*, 2009, September 2。

【３】『経済学という人類を不幸にした学問』副島隆彦、日本文芸社、2020年、p.6

【４】実際に1929年10月には、歴史上最も優れた経済学者の一人であるアーヴィング・A・フィッシャーも、アメリカの株価が長期的な高値安定期に入った、と述べた。しかし、そのわずか8日後に「暗黒の木曜日」がおこっている。このような例は現代に至るまで、枚挙にいとまがない。

【５】『ジョン・メイナード・ケインズ　1883-1946　経済学者、思想家、ステーツマン（下）』ロバート・スキデルスキー、村井章子 訳、日経ＢＰ、2023年、pp.32-33

【6】『ブルシット・ジョブ　クソどうでもいい仕事の理論』p.3
【7】『経済学という人類を不幸にした学問』p.187
【8】『経済学という人類を不幸にした学問』p.201

第3章

【1】『新・完訳　成功哲学』ナポレオン・ヒル、アチーブメント出版、2016年、p.218
【2】『亡命者の古書店　続・私のイギリス物語』佐藤優、新潮文庫、2018年、pp.227-228
【3】たとえば斎藤幸平は「現在高給をとっている職業として、マーケティングや広告、コンサルティング、そして金融業や保険業などがあるが、こうした仕事は重要そうに見えるものの、実は社会の再生産そのものには、ほとんど役に立っていない」と述べている（『人新世の「資本論」』斎藤幸平、集英社新書、2020年、p.263）。
【4】もっともグレーバー自身も、この定義の不完全さは認識している。「注意深い読者諸氏は、あいまいさがひとつ残されていることに気づかれたかもしれない。その定義が、ほとんど主観に依っているということだ。わたしはブルシット・ジョブを、意味がなく、不必要で、あるいは有害だと働き手のみなしている仕事だと指摘している。だがわたしは、その働き手の見方は正しいとも考えている。わたしは、この働き手の主観がある現実に対応していると想定しているのである。まさしく、このような想定をおこなうことが必要なのである。さもなくば、まったく同じ仕事が、働き手の気分次第で、あるときはブルシットなものとなり、またあるときはブルシットでないものとなりうるといった認識で足踏みしてしまうことになるからである。ここでわたしが述べているのは、たんなる市場価値とは違って社会的価値にはこのようなことがつきものだが、だからといって、社会的価値を測定する確実な方法が考案されていない以上、その状況をおよそ正確に評価する可能性の高いのは働いている本人の見解である、と、こういうことにすぎない」（『ブルシット・ジョブ　クソどうでもいい仕事の理論』p.42）
【5】『人新世の「資本論」』pp.271-274
【6】『フランス革命についての省察』エドマンド・バーク、二木麻里 訳、光文社古典新訳文庫、2020年、p.463
【7】『新世紀のコミュニズムへ』大澤真幸、NHK出版新書、2021年、p.160
【8】岡田斗司夫のYouTube動画「【UG#318】2020/1/19 最強の補助線

「評価経済ケーススタディ」その問題、視点を変えたら解決するかも？」
【９】中高生のなりたい職業ランキング、１位は？【1000人調査】（https://news.mynavi.jp/article/20240109-2858163/）
【10】旺文社のYouTube公式チャンネル
【11】「【UG#318】2020/1/19 最強の補助線「評価経済ケーススタディ」その問題、視点を変えたら解決するかも？」
【12】『カジノ資本主義』スーザン・ストレンジ、小林襄治 訳、岩波現代文庫、2007年
【13】『資本主義問題』p.338
【14】『改訂版　金持ち父さんのキャッシュフロー・クワドラント　経済的自由があなたのものになる』ロバート・キヨサキ、白根美保子 訳、筑摩書房、2013年、p.40
【15】経済学では、株主等の仕事を委託している側（プリンシパル）と、経営陣等の仕事を受託している側（エージェント）のコミュニケーション齟齬（情報非対称性）をプリンシパル・エージェント問題（principal–agent problem）と呼ぶ。
【16】『サラリーマンは３００万円で小さな会社を買いなさい　人生１００年時代の個人M＆A入門』三戸政和、講談社＋α新書、2018年、p.27
【17】『限りある時間の使い方　人生は「4000週間」あなたはどう使うか？』オリバー・バークマン、高橋璃子 訳、かんき出版、2022年、pp.206-207
【18】「ジョン・ロー墓碑銘考」中村英雄（『成城大学経済研究』87号、pp.45-78）
【19】『感ビジネス　千夜千冊エディション』p.15
【20】What makes a good life? Lessons from the longest study on happiness（https://www.ted.com/talks/robert_waldinger_what_makes_a_good_life_lessons_from_the_longest_study_on_happiness?subtitle=en）
【21】“Obligation to Dissent and Client Skills”（https://caseinterview.com/obligation-to-dissent）
【22】2020年7月9日「日立の事業変革とグローバル人財戦略　デジタル社会を牽引する事業変革と人財戦略」に基づく
【23】同上
【24】『ノモンハン　責任なき戦い』田中雄一、講談社現代新書、2019年
【25】『イーロン・マスクの生声　本人自らの発言だからこそ見える真実』ジェシカ・イースト 編、鷹取孝 訳、文響社、2022年、p.99

【26】『獅子のごとく（上）小説 投資銀行日本人パートナー』黒木亮、幻冬舎文庫、2013年、p.167
【27】『なぜローカル経済から日本は甦るのか　ＧとＬの経済成長戦略』冨山和彦、PHP新書、2014年
【28】「自由放任の終焉」（『世界の名著57　ケインズ／ハロッド』中央公論社、1971年、p.158）